AML／CFT

マネロン・
テロ資金供与対策
キーワード100 第3版

EYストラテジー・アンド・コンサルティング［編著］

一般社団法人 **金融財政事情研究会**

第3版へのはしがき

　本書は、2018年の初版以降、折からのマネロン・テロ資金供与対策への関心の高まりのなか、大変なご好評をいただきました。

　初版から3年が経過しましたが、疑わしい取引の届出件数は2020年には43万件となり、マネロンの検挙件数も年々増加しています。また、不安定な国際情勢による地政学リスクも高まっており、金融機関等をとりまくリスクはこれまでになく高まっているといえるでしょう。

　FATF対日審査報告書の審議およびその結果の公表が間近に迫っていますが、それは5年後のフォローアップ審査までのプロセスの始まりにすぎません。2021年2月に2度目の改正が行われた金融庁のマネロン・テロ資金供与対策ガイドラインは、それを先取りした内容と思料されます。

　第3版は、こうした内外の情勢の変化や今後の見通しをふまえて、すべての項目を再点検し、新たな用語の追加はもちろんのこと、必要に応じて大幅な洗い替えを行いました。また、項目によってはキーワード集の枠を超え、マネロン・テロ資金供与対策に係る実務の視点で留意すべき点などにも言及いたしました。

　旧2版と同様、本書が、マネロン・テロ資金供与対策と格闘する読者にとっての道しるべになれば、執筆者一同の望外の喜びです。

2021年5月

旧版の「はしがき」抜粋

　本書は、FATF（金融活動作業部会）の第4次対日審査を見据えて、金融庁が策定・施行、本年4月に一部改正された「マネー・ローンダリング及びテロ資金供与対策に関するガイドライン」の構成に沿って、マネロン・テロ資金供与（AML/CFT）対策の全体像を示しています。

　第Ⅰ部〜第Ⅲ部は、それぞれQ&Aおよびキーワードの解説の構成としており、キーワードは、金融庁ガイドラインのほか、財務省「外国為替検査ガイドライン」、FATF新「40の勧告」、国家公安委員会「犯罪収益移転危険度調査書」、警察庁JAFIC「犯罪収益移転防止に関する年次報告書」等を参考に、AML/CFTに関するFATFの思想と実務上の理解、関連資格取得のための学習に資する約100語を厳選し、コンパクトに解説しています。

　各キーワードには、当該用語が使われている文書名のレファレンス、見出し語の英訳を記載しており、巻末の索引とあわせて、犯罪収益移転防止法で規定されている非金融業者なども含めた特定事業者全般の全役職員向けの研修や関連資格取得のための学習を助け、また、第1線から第3線の担当者の皆様の内外関係資料の読み込みに役立つものとなっています。

　第Ⅰ部では、AML/CFTの基本的事項、FATFの概要、関係する法令の解説、金融庁ガイドラインの重要事項を解説しています。第Ⅱ部では、2016年の改正犯罪収益移転防止法の施行によるリスクベース・アプローチに基づくAML/CFT対応の手法等を理解するうえでのキーワードを解説。第Ⅲ部では、PDCAサイクル、経営陣の関与・理解、3つの防衛線のそれぞれの役割、グループベースでの管理態勢等を解説しています。

2019年4月

EYストラテジー・アンド・コンサルティング株式会社

　EYストラテジー・アンド・コンサルティング株式会社は、EY（アーンスト・アンド・ヤング）がグローバルに展開する、Advisory（アドバイザリー）、Assurance（監査・保証）、Tax（税務）、Transaction（トランザクション）の4つの主要なサービスラインのうち、日本におけるアドバイザリーラインを担う。さまざまな分野の専門性を有するプロフェッショナルがグローバルに連携し、企業が抱える経営課題に対し、最先端かつグローバルな視点と実行力で最適なアドバイザリーサービスを総合的に提供している。

　詳しくはhttps://www.ey.com/ja_jp/consulting/を参照。

監修者兼執筆者

和家泰彦（アソシエートパートナー）

　財務省におけるAML/CFT業務として、2005年から外国為替検査、外為法令に基づく経済制裁措置・関連法令改正等を担当し、FATF対日審査や米国OFAC規制を含めた業務に関与。米国系金融コンサルティング会社を経て2016年から現職。

執筆者

福島俊一（アソシエートパートナー）

　財務省で国際局・外国為替室長および北海道財務局・金融監督官を歴任したほか、FATF事務局勤務やFATF対シンガポール審査員（2015～16年）を務める。2020年7月まで財務省国際局・資金移転対策室長として対日審査の取りまとめを担当。2020年7月より現職。

鹿島浩司（マネージャー）

　国内金融機関における勤務を経て2014年10月より現職。メガバンク、外銀、地銀、金商業者、保険会社などの規制対応・コンプライアンス態勢強化（AML/CFTを含む）の支援業務に従事。

凡　例

本書における略称	法令・ガイドライン等
外為法	外国為替及び外国貿易法（昭和24年法律第228号）
外国為替検査ガイドライン	外国為替検査ガイドライン（2018年9月：財務省）
暴力団対策法	暴力団員による不当な行為の防止等に関する法律（平成3年法律第77号）
麻薬特例法	国際的な協力の下に規制薬物に係る不正行為を助長する行為等の防止を図るための麻薬及び向精神薬取締法等の特例等に関する法律（平成3年法律第94号）
組織的犯罪処罰法	組織的な犯罪の処罰及び犯罪収益の規制等に関する法律（平成11年法律第136号）
テロ資金提供処罰法	公衆等脅迫目的の犯罪行為のための資金等の提供等の処罰に関する法律（平成14年法律第67号）
金融機関等本人確認法	金融機関等による顧客等の本人確認等に関する法律（平成14年法律第32号）
改正金融機関等本人確認法	金融機関等による顧客等の本人確認等及び預金口座等の不正な利用の防止に関する法律（平成16年法律第164号）
犯罪収益移転防止法	犯罪による収益の移転防止に関する法律（平成19年法律第22号）
資金決済法	資金決済に関する法律（平成21年法律第59号）
BCBSガイドライン	マネー・ローンダリング及びテロ資金供与リスクの適切な管理に係るガイドライン（2014年1月：バーゼル銀行監督委員会）
国際テロリスト財産凍結法	国際テロリストの財産の凍結等に関する特別措置法（平成26年法律第124号）
金融庁ガイドライン	マネー・ローンダリング及びテロ資金供与対策に関するガイドライン（2018年2月公表、2019年4月改正、2021年2月改正：金融庁）

目　次

第 I 部　概論：マネロン・テロ資金供与対策の枠組み

I　マネロン・テロ資金供与対策（AML/CFT）の枠組みを理解するための キーワード

第 II 部　方法論：リスクベース・アプローチ

II　リスクベース・アプローチ（RBA）を理解するためのキーワード

第Ⅲ部 管理態勢とその有効性の検証・見直し

Ⅲ 管理態勢を理解するためのキーワード

第 I 部

概論：
マネロン・テロ資金供与対策
の枠組み

Q1.1 金融庁の「マネー・ローンダリング及びテロ資金供与対策に関するガイドライン」とはどういうものですか。

2018年2月、金融庁は、「マネー・ローンダリング及びテロ資金供与対策に関するガイドライン」（以下「金融庁ガイドライン」）を公表、2019年4月に初回の、そして2021年2月に2度目の改正が行われています。日本の**金融システム**を、犯罪者等によるマネー・ローンダリング（資金洗浄；マネロン）や、テロリストへの資金供与に利用させることなく、健全に機能させることは、国際社会の一員としての責務といえます。金融システムは、各金融機関によって構築されるネットワークであり、その健全性を維持するためには、個々の金融機関が、その業務や役割に応じて堅牢な管理態勢を構築・維持することが不可欠だからです。

ガイドラインは、マネロン・テロ資金供与対策に関する基本法である犯罪収益移転防止法や外為法などとともに、金融庁が金融機関等のマネロン・テロ資金供与リスクへの対応状況をモニタリング（検査・監督）する際の指針として策定されました。また、金融機関等がマネロン・テロ資金供与対策に取り組むうえで遵守または留意すべき事項が記されており、金融機関等の行動指針としての役割もあります。特に、「対応が求められる事項」の不履行は、それぞれの業法に基づく行政処分の対象ともなりうることから、2021年3月に公表されたFAQとあわせ、ガイドラインの正確な理解と確実な履行が求められます。

Q1.2 ガイドラインは2021年2月に改正されましたが、改正のポイントは何ですか。

2021年2月の改正は、2019年2月に次ぐ2回目の見直しです。そのポイントは以下のように要約できます。

1 "経営陣"の主導的な関与を随所で強調

2 "リスクベース・アプローチ"（RBA）をより具体化し、臨機応変な低

減措置の実施を要請

(1) リスクの特定：商品・サービスに加えて、提携先、委託先、買収先等のリスク管理を追加

(2) リスクの評価：
自らが提出したSTRの分析・活用を要請

(3) 簡素な顧客管理：画一的でなく、リスクに対応した多様かつ機動的な対応を要請

(4) 制裁対象取引（経済制裁）：リスクに応じた対応。制裁対象者の"遅滞なき照合"（⇒該当すれば取引停止）

(5) コルレス先や委託元金融機関等との連携：送金内容等の精査、直接の顧客でない送金人等のリスト照合

(6) 輸出入取引等に係る資金の融通および信用の供与等：金額（商品価格）、取引内容、品目、輸送経路、船舶、取引関与者等の精査

Q1.3 マネロン・テロ資金供与対策に関する国際基準とは、どういうものですか。

　マネー・ローンダリングやテロ資金供与といった犯罪行為は、一国だけが規制を強化しても、相対的に規制の緩い国をねらって実行される傾向にあります。そこで、1989年7月のG7首脳会議（アルシュ・サミット）で、マネロン対策の国際協力を強化するための、政府間会合として**金融活動作業部会**（Financial Action Task Force、以下「**FATF**」）の設立が決まりました。FATFは、各国における対策を調和させるために、法執行、刑事司法および金融規制の分野において各国がとるべきマネー・ローンダリング対策を「40の勧告」というかたちで策定しました。

　FATFの取組みは、当初は薬物犯罪に由来するもの（薬物犯罪収益）のみを対象としていましたが、その後、その対象を大幅に拡大し、今日では、脱税や環境に関する規制の潜脱に由来する犯罪収益なども含まれてい

ます。また、ＦＡＴＦの活動は、当初のマネロン対策から、テロ資金供与対策として拡散金融へと拡大してきています。

マネロン・テロ資金供与対策に関しては、ＦＡＴＦだけでなく、バーゼル銀行監督委員会（Basel Committee on Banking Supervision、以下「BCBS」）も「マネー・ローンダリング及びテロ資金供与リスクの適切な管理に係るガイドライン（以下「BCBSガイドライン」）」（2014年１月）などを公表しており、今日、ＦＡＴＦ勧告とともに、マネロン・テロ資金供与対策に関する国際基準とされています。

さらにＧ７も、その共同宣言等で、随時、最新のマネロン・テロ資金供与対策に係る課題に対する行動指針を示しています。

日本は、これら国際基準の策定に携わるとともに、国際社会の一員として、これに対応するかたちで国内法令の制定・改正を行ってきました（国際的な動向と国内ルールの変遷についてはｐ８〜10の年表を参照）。

Q1.4　ＦＡＴＦによる第４次対日審査の結果はどうなる見通しですか。本邦金融機関には、今後、どのような対応が求められますか。

第４次対日審査報告書の採択は2021年６月に行われ、それが公表されるのは８月以降となる見込みです。

審査結果は、本書執筆時点（2021年４月）では不明ですが、2021年２月に金融庁が策定・公表した改正ガイドラインは、これまでのＦＡＴＦ相互審査で諸外国の多くが指摘された不備事項を反映しており、対日審査の結果が出た後に日本が取り組むべき課題をも先取りしたものと考えられます。

Q1.5　金融庁ガイドラインはどのような構成になっているのですか。

ＦＡＴＦ勧告で求められているリスクベースに基づく「Ⅰ．マネー・ロー

金融庁ガイドラインの構成

基本的な考え方	・**マネロン・テロ資金供与対策に係る基本的考え方** ⇒機動的かつ実効的な管理態勢の構築には、リスクを適時・適切に特定・評価し、リスクに見合った低減措置を講ずる<u>リスクベース・アプローチ</u>の手法を用いることが不可欠 ・**金融機関等に求められる取組み** ⇒<u>経営陣が主導的な関与</u>のもと、自らを取り巻く環境や経営戦略、リスクの許容度をふまえた管理態勢を構築し、<u>組織横断的</u>にマネロン・テロ資金供与対策を高度化することが重要 ・**業界団体・中央機関等の役割** ⇒業界団体や中央機関が当局とも連携し、金融機関に対するサポート・支援等を実施

R B A **※**	**リスクの特定**　**リスクの評価**　**リスクの低減**

リスクの特定
リスクの所在を特定する作業。金融機関の規模・特性等をふまえ、包括的かつ具体的に特定

リスクの評価
特定したリスクを評価する作業。金融機関の事業環境・経営戦略等をふまえて、全社的に実施

リスクの低減
特定・評価したリスクを低減する作業。実際の顧客や取引のリスクに応じて、実効的に低減措置を実施
（例）　顧客管理、取引モニタリング等

・海外送金等を行う場合の留意点　　・FinTech等の活用

管理態勢	・**マネロン・テロ資金供与対策に係るPDCA**⇒マネロン・テロ資金供与対策の方針・手続・計画等を策定、検証、見直し ・**経営陣の関与・理解**⇒経営陣によるマネロン・テロ資金供与対策への主導的な関与、対応の高度化推進 ・**経営管理**

第1線	**第2線**	**第3線**
顧客と接点のある営業部門が、方針や手続等を理解して対応	担当役員等を中心に、管理部門が第1線を継続的モニタリング	マネロン・テロ資金供与対策に係る必要な監査を実施

・**グループベースの管理態勢**⇒グループ全体に整合的なかたちでマネロン・テロ資金供与対策を実施
・**職員の確保、育成等**⇒必要な能力を有する職員の採用、研修による職員の理解の促進

当局	・**金融庁によるモニタリング** ・**官民連携**⇒業界団体、関係省庁等との連携による情報発信や金融機関等との対話

（※）　RBA：リスクベース・アプローチ
（出所）　金融庁：「マネー・ローンダリング及びテロ資金供与対策の現状と課題」（2018年8月）をもとに、2021年2月のガイドライン改正を反映したもの

ンダリング及びテロ資金供与対策に係る基本的考え方」をふまえ、「Ⅱ. リスクベース・アプローチ」でリスクベース・アプローチの意義と具体的な対応（リスクの特定・評価・低減など）を説明、「Ⅲ. 管理態勢とその有効性の検証・見直し」でマネロン・テロ資金供与対策（方針、手続、計画等の策定・実施・検証・見直し（PDCA）、経営陣の関与・理解、経営管理（3つの防衛線等）、グループベースの管理態勢、職員の確保・育成について説明、最後に「Ⅳ. 金融庁によるモニタリング等」では官民連携の重要性を強調する構成となっています（p 5 図表参照）。

また、各パートは、日本のマネロン対策法と位置づけられる犯罪収益移転防止法およびテロ資金供与対策法である外為法等で定められている規定と、FATF勧告や審査のメソドロジー（方法論）に加えて、バーゼル銀行監督委員会が公表している「マネー・ローンダリング及びテロ資金供与リスクの適切な管理に係るガイドライン（BCBSガイドライン）」で求められている内容もふまえた、態勢強化のあるべき姿を示しています。

マネロン・テロ資金供与リスクへの態勢強化は、国際業務へのかかわりや規模にかかわりなく、すべての金融機関が取り組むべき課題です。しかし、リスクベース・アプローチに基づく態勢を講じるということは、金融機関のビジネス領域や規模によってリスクもそれへの対応も異なることを意味します。たとえば、グローバルなシステム上重要な銀行（G-SIBs）と日本の中小金融機関のマネロン・テロ資金供与リスク管理態勢では、最終的には特定すべきリスク、リスク評価方法、リスクのある顧客や取引に対する具体的な対応は異なります。また、効果的・効率的に対応するための全行的な内部管理態勢やITシステムを活用してどこまできめ細かく対応するかも、おのずと違ったものになるでしょう。金融庁ガイドラインは、これらの点についても、「**対応が求められる事項**」に加えて、「**対応が期待される事項**」および**ベスト・プラクティス**としての「**先進的な取組み事例**」において例示するとともに、FATFやBCBSなどの国際基準を参考にどのようなマネロン・テロ資金供与リスク管理態勢を整備していくべきか

について示しています。このように、金融庁ガイドラインは、さまざまな国際基準を取り込みつつ、特にこの分野で対応がまだ不十分とみられている中小金融機関の目標レベルを示す包括的な指針といえます。

〔年表〕 マネロン・テロ資金対策をめぐる世界と日本の動向

国際的な動き	日本国内の動き
1988.12　麻薬新条約の採択（薬物犯罪収益に関するマネー・ローンダリングの犯罪化を義務づけ）	
1989.7　アルシュ・サミット（FATF設置の採択）	
1990.4　FATF「40の勧告」を策定 ＊金融機関による顧客の本人確認 ＊疑わしい取引の金融規制当局への報告	1990.6 　大蔵省（現・金融庁）から各金融団体宛てに通達を発出 　（金融機関等による顧客等の本人確認等実施の要請）
	1992.7 　麻薬特例法の施行 　（薬物犯罪に関するマネー・ローンダリングの犯罪化、疑わしい取引の届出制度の創設）
1994.6　第1次FATF対日相互審査 ＊前提犯罪が薬物犯罪に限定されていることに対する指摘	
1995.6　ハリファクス・サミット （前提犯罪を重大犯罪に拡大する必要性を確認）	
1996.6　FATF「40の勧告」を一部改訂 ＊前提犯罪を重大犯罪に拡大することを義務づけ	
1998.5　バーミンガム・サミット （FIUの設置について合意）	
1998.7　第2次FATF対日相互審査 ＊前提犯罪が薬物犯罪に限定されていることに対する再指摘	
1999.12　テロ資金供与防止条約の採択（テロ資金提供・収集行為の犯罪化を義務づけ）	
2001.9　米国同時多発テロの発生	2000.2 　組織的犯罪処罰法の施行 　（前提犯罪を重大犯罪に拡大、日本版FIU「特定金融情報室」を金融監督庁に設置等）
2001.10　FATF「8の特別勧告」を策定 ＊テロ資金供与の犯罪化、テロ関係の疑わしい取引の届出の義務づけ等	
	2002.7 　テロ資金提供処罰法・改正組織的犯罪処罰法の施行 　（前提犯罪にテロ資金提供等の罪を追加等）
2003.6　FATF「40の勧告」を再改訂 ＊非金融業者（不動産業者、貴金属商、宝石商等）・職業的専門家（弁護士、会計士等）への勧告の適用	2003.1 　金融機関等本人確認法の施行 　（金融機関等による顧客等の本人確認義務の法定化）

国際的な動き	日本国内の動き
2004.10 FATF「8の特別勧告」を「9の特別勧告」に改訂 ＊国境を越える資金の物理的移転を防止するための措置に関する項目の追加	2004.12 改正金融機関等本人確認法の施行 （預貯金通帳の不正譲渡等の罰則化）
	2004.12 国際組織犯罪等・国際テロ対策推進本部 （「テロの未然防止に関する行動計画」を決定）
	2005.11 国際組織犯罪等・国際テロ対策推進本部 （「FATF勧告実施のための法律の整備」を決定）
	2007.3 犯罪収益移転防止法の成立
	2007.4 犯罪収益移転防止法の一部施行 （FIUの移管（金融庁→国家公安委員会・警察庁））
2008.10 第3次FATF対日相互審査の結果公表 ＊顧客管理に関する勧告5ほか9項目について、「不履行（NC）」との評価を受ける	2008.3 犯罪収益移転防止法の全面施行 （非金融業者等に対する本人確認義務等）
	2011.4 改正犯罪収益移転防止法の成立 （特定事業者の取引時の確認事項の追加、取引時確認等を的確に行うための措置の追加、特定事業者の追加、預貯金通帳等の不正譲渡等に係る罰則の強化）
2012.2 FATF「40の勧告」「9の特別勧告」を改訂 ＊「40の勧告」および「9の特別勧告」を一本化、新「40の勧告」に改訂	
	2013.4 改正犯罪収益移転防止法の全面施行 （2011年4月改正分）
2013.6 ロック・アーン・サミット （G8行動計画原則を合意）	2013.6 日本行動計画を公表
2014.6 日本に関するFATF声明の公表 ＊マネー・ローンダリング対策等の不備への迅速な対応を要請	2014.11 改正犯罪収益移転防止法の成立 （顧客管理に関するFATF勧告の水準を満たすこと、疑わしい取引の判断方法の明確化、コルレス契約締結時の厳格な確認、事業者が行う体制整備等の努力義務の拡充等）

国際的な動き	日本国内の動き
	2015.10 　国際テロリスト財産凍結法の施行 2016.10 　改正犯罪収益移転防止法の全面施行 　（2014年11月改正分） 2018. 2 　金融庁「マネー・ローンダリング及びテロ 　資金供与に関するガイドライン」を公表
2019.10 　第4次FATF対日相互審査（オンサイト） 〜11　　の実施	2019. 4 　金融庁、ガイドラインを一部改正 2021. 2 　金融庁、ガイドラインを一部改正 2021. 3 　金融庁、ガイドラインのFAQを公表
2021. 6　FATFにおいて対日審査報告書を審議（予 　　　　　定） 2021. 8　FATFが対日審査報告書を公表（見込み）	

FIU

　FIU（Financial Intelligence Unit：**資金情報機関**）とは、マネー・ローンダリング対策における金融情報の収集、分析、共有の役割を担う機関であり、日本では、警察庁内の**犯罪収益移転防止対策室（JAFIC）**がこれに該当する。

　2000年の組織的犯罪処罰法の施行により、当時の金融監督庁にわが国初のFIUが設置され、「疑わしい取引」に関する情報の処置や外国との情報交換を行うこととなった。その後、2003年にFATFが本人確認等の措置を講ずべき事業者の範囲を金融機関以外に拡大したことを受けて、2007年の犯罪収益移転防止法の成立後、FIUの業務が金融庁から国家公安委員会・警察庁に移管された。現在のJAFICの任務は以下のとおり。

○疑わしい取引に関する情報の集約、整理および分析ならびに捜査機関等への
　提供
○外国FIUに対する情報の提供
○犯罪による収益の移転の状況の調査および分析ならびに犯罪収益移転危険度
　調査書の作成
○特定事業者による措置を確保するための情報の提供や行政庁による監督上の
　措置の補完

　各国のFIUは、情報交換等の促進を目的とした「**エグモント・グループ**」を構成している。1995年発足のエグモント・グループは当初、欧州主要国および米国のFIUを中心に非公式フォーラムとして活動していたが、現在はカナダに常設の事務局を置く公式機関として国際的に認められている。2021年1月現在、エグモント・グループには、166カ国・地域のFIUが参加している。

　　　　　　　　◆警察庁JAFIC「犯罪収益移転防止に関する年次報告書」
　　　　　　　　◆Egmont Groupホームページ

I マネロン・テロ資金供与対策(AML/CFT)の枠組みを理解するためのキーワード

マネー・ローンダリングおよびテロ資金供与対策（AML／CFT）

Anti-Money Laundering（AML）/ Countering the Financing of Terrorism（CFT）

　マネー・ローンダリング（資金洗浄）とは、犯罪によって得た収益（犯罪収益・薬物犯罪収益）に関し、その出所を偽装する行為の総称。マネロン行為（犯罪収益および薬物犯罪収益の取得・処分につき事実を仮装し、または隠匿する行為）は、組織的犯罪処罰法および麻薬特例法で刑事罰の対象とされている。

　一般にマネロンは、不正資金を金融システムや合法的な経済活動に取り込む行為（Placement）→資金の出所を隠すために当該資金をさまざまな金融・非金融資産に分散・変換させるなどして階層化させる行為（Layering）→資金の出所がわからなくなった資金をまとめて再び金融システムや合法的な経済活動のなかに取り込む行為（Integration）の3段階で構成される。実際の事案では、必ずしも各段階が明確に分かれているわけではないが、決済手段や決済に関与する事業者の多様化が加速するなかにあって、特にPlacement

マネロン・テロ資金供与対策のしくみ

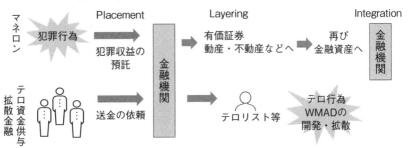

の段階の捕捉が、マネロン対策上、重要になりつつあるが、Placementや
Layeringの手口や手法も変化し得ることに注意する必要がある。

　テロ資金供与とは、テロ行為の実行やその支援を目的として、テロリスト
等に対して資金等を提供することをいう。日本では、テロ資金提供処罰法な
どにより刑事罰の対象とされている。

　マネロンとテロ資金供与にはこのような違いがあるものの、とりわけ資金
の出所に関する事実や資金の行き先を"仮装する"という点において、両者
の間には共通点がある。

　なお、犯罪収益移転防止法は、犯罪収益が組織的犯罪を助長し、その移転
が事業活動に用いられることを防止することを目的とし、特定事業者に対し
取引時確認や疑わしい取引の届出などを義務づけている。

◆警察庁JAFIC「犯罪収益移転防止法の概要」

金融システム

financial system

　金融システムは、各金融機関等が行う送金・決済・振替え等のさまざまな
機能が集積して資金の流れを形成し、ネットワークを構築しているものであ
り、金融システム全体の健全性を維持するためには、金融システムの参加者
たる個々の金融機関等において、その業務や金融システムにおける役割に応
じ、堅牢な管理態勢を構築・維持することが不可欠となっている。こうした
金融システムからマネー・ローンダリングやテロ資金供与に係る取引等を排
除することがマネロン・テロ資金供与対策である。

◆金融庁「ガイドライン」Ⅰ

犯罪による収益の移転防止に関する法律（犯罪収益移転防止法）

Act on Prevention of Transfer of Criminal Proceeds

「犯罪による収益の移転防止に関する法律（平成19年法律第22号）」（以下「犯罪収益移転防止法」）は、犯罪収益が組織的犯罪を助長し、その移転が事業活動に用いられることを防止することを目的とし、特定事業者に対し取引時確認や疑わしい取引の届出などを義務づける法律である。同法は、改正金融機関等本人確認法の全部および組織的犯罪処罰法の一部を母体として策定され、2008年3月に施行された。2013年4月には、特定事業者の取引時の確認事項の追加や取引時確認等を的確に行うための措置が追加され、2016年10月の改正では、リスクベース・アプローチの導入、疑わしい取引の判断方法の明確化、コルレス契約締結時の厳格な確認、事業者が行う体制整備等の努力義務の拡充等が盛り込まれた。

◆警察庁JAFIC「犯罪収益移転防止法の概要」
◆全銀協「お取引時の確認に関するお願い」

特定事業者

specified business operators

特定事業者とは、犯罪収益移転防止法において顧客と一定の取引を行うに際して、取引時確認等（第4条）、確認記録の作成等（第6条）、取引記録等の作成等（第7条）、疑わしい取引の届出等（第8条）、外国所在為替取引業者との契約締結の際の確認（第9条）、外国為替取引に係る通知（第10条）および取引時確認等を的確に行うための措置（第11条）など、一定の法令上の義務が課されている対象事業者を特定事業者という。なお、これらの義務については特定事業者の業種によって一部異なる。

第2条第2項に列挙されている特定事業者と、それぞれの義務は次頁の表のとおりである（特定事業者の概要とその義務はp95～110参照）。

◆犯罪収益移転防止法
◆警察庁JAFIC「犯罪収益移転防止法の概要」
◆国家公安委員会「犯罪収益移転危険度調査書」（2020年11月）

取引時確認

Customer Identification

　取引時確認とは、犯罪収益移転防止法第4条が、特定事業者に対して特定取引等を行うに際して義務づけられているもののことをいう。

　通常の特定取引を行うに際しては、次の事項の確認を行うこととなる。

・顧客の本人特定事項（自然人は氏名、住居および生年月日、法人は名称および本店または主たる事務所の所在地）

・取引の任にあたっている自然人（代表者等）の本人特定事項

・取引を行う目的

・職業（自然人）または事業の内容（法人・人格のない社団または財団）

・実質的支配者（法人）

※ただし、顧客が国、地方公共団体、上場企業等である場合には、取引の任にあたっている自然人（代表者等）の本人特定事項のみを確認する。また、顧客が人格のない社団・財団である場合には、取引の任にあたっている自然人（代表者等）の本人特定事項、取引を行う目的、事業の内容を確認する。

　◆犯罪収益移転防止法第4条
　◆警察庁JAFIC「犯罪収益移転防止法の概要」
　◆金融庁「犯罪収益移転防止法に関する留意事項について」
　◆全銀協ホームページ（「犯罪収益移転防止法に関するよくある質問・回答」）

特定事業者と義務

特定事業者【2条2項】＼義務づけられた措置	取引時確認【4条】	確認記録の作成・保存【6条】	取引記録等の作成・保存【7条】
金融機関等（1号〜37号）	顧客との間で、**特定業務のうち特定取引等を行うに際しては、**・本人特定事項・取引を行う目的・職業・事業内容・実質的支配者・資産および収入の状況（ハイリスク取引の一部）の確認を行わなければならない	**取引時確認を行った場合には、直ち**に確認記録を作成し、特定取引等に係る契約が終了した日等から7年間保存しなければならない	**特定業務に係る取引を行った場合には、直ち**に取引記録等を作成し、取引の行われた日から7年間保存しなければならない
ファイナンスリース事業者（38号）	^	^	^
クレジットカード事業者（39号）	^	^	^
宅地建物取引業者（40号）	^	^	^
宝石・貴金属等取扱事業者（41号）	^	^	^
郵便物受取サービス業者（42号）	^	^	^
電話受付代行業者（42号）	^	^	^
電話転送サービス事業者（42号）	^	^	^
司法書士（44号）	顧客との間で、**特定業務のうち特定取引等を行うに際しては、**本人特定事項の確認を行わなければならない	^	^
行政書士（45号）	^	^	^
公認会計士（46号）	^	^	^
税理士（47号）	^	^	^
弁護士（43号）	司法書士等の例に準じて日本弁護士連合会の会則で定めるところによる【12条】		

(注)　9条および10条の規定は、業として為替取引を行う者に限り適用される。

（資料）　警察庁JAFIC「犯罪収益移転防止法の概要」

外国為替及び外国貿易法（外為法）

Foreign Exchange and Foreign Trade Act

「外国為替及び外国貿易法（昭和24年法律第228号）」（以下「外為法」）は、

疑わしい取引の届出 【8条】	コルレス契約締結時の厳格な確認 【9条】	外国為替取引に係る通知 【10条】	取引時確認等を的確に行うための措置 【11条】
特定業務において収受した財産が犯罪による収益である疑いがあり、 または **顧客が特定業務に関し**マネー・ローンダリングを行っている疑いがあると認められる場合においては、すみやかに届け出なければならない	外国銀行とコルレス契約を締結する際に、相手方の体制を確認しなければならない（注） ×	外国為替取引を委託するときは、顧客に係る本人特定事項等を通知して行わなければならない（注） ×	取引時確認をした事項に係る情報を最新の内容に保つための措置を講ずるほか、使用人に対する教育訓練の実施、取引時確認等の措置の実施に関する規程の作成、統括管理者の選任等の措置を講ずるよう努めなければならない
×			司法書士等の例に準じて日本弁護士連合会の会則で定めるところによる【12条】

日本における対外取引の基本法。その目的については、第1条で「外国為替、外国貿易その他の対外取引が自由に行われることを基本とし、対外取引に対し必要最小限の管理又は調整を行うことにより、対外取引の正常な発展並びに我が国又は国際社会の平和及び安全の維持を期し、もって国際収支の

均衡及び通貨の安定を図るとともに我が国経済の健全な発展に寄与すること」(第1条)と規定している。もとは為替管理を司ることを目的に制定されたが、今日では、そのクロスボーダーの取引を規制する機能から、金融面では、主として制裁対象者との取引規制や対内直接投資の規制を行う法律として機能している。

2001年9月の米国における同時多発テロ事件の発生以後、国際社会においてテロ資金供与対策が重大な課題となり、これを受けて日本でも2002年5月、金融機関等による顧客の本人確認が義務化され、外為法にも同旨の規定が盛り込まれた。

また、2004年2月の改正では、従来の国際約束や国際協調に基づく枠組みに加え、日本の平和と安全の維持のため特に必要があるときは、閣議決定により、支払等について、主務大臣の許可等を受ける義務を課すことができるようになった。

◆財務省「経済制裁措置および対象者リスト」

外国為替検査

Foreign Exchange Inspection

外為法第68条に基づき、資産凍結等経済制裁措置等の実効性を担保するため、財務省(為替実査官)が金融機関等に対して行う立入検査。検査に際しては、検査項目を定めた外国為替検査ガイドライン(☞次項)を制定し、外国送金を取り扱う金融機関(資金移動業者も含む)に対しては、主に経済制裁措置の履行状況に関する検査を行うとともに、外国為替業務のうち、両替を取り扱う金融機関や両替業者に対しては、外為法および犯罪収益移転防止法に基づく検査(マネロン対策等に係る取引時確認義務、疑わしい取引の届出義務等の履行状況の確認)を行っている。

なお、外国為替検査の検査対象は、外国送金等の外国為替業務を取り扱う

金融機関、外国送金を取り扱う資金移動業者、ならびに外貨両替業務を取り扱う金融機関および両替業者となっており、財務省では国際局に為替実査室を設置し、各財務局の為替実査官と連携し、金融機関等に対する外国為替検査を実施している。なお、金融庁ガイドラインでは、外国送金業務に関して、金融庁検査と財務省検査（外国為替検査）との連携を図ることとされている。

◆財務省「経済制裁措置および対象者リスト」
◆金融庁「ガイドライン」

外国為替検査ガイドライン

Foreign Exchange Inspection Guideline

　外国為替検査の実施要領等を定めたもの。前身の「外国為替検査マニュアル」は、外国為替検査官向けの内部通達であったが、ガイドラインは検査対象となる金融機関等に向けた指針である。

　ガイドラインは以下の内容で構成されている。

① 外為法令等遵守のための内部管理態勢に関する項目

② 資産凍結等経済制裁に関する外為法令の遵守に関する項目

③ 両替業務における取引時確認等に係る犯収法令の遵守および本人確認義務等に係る外為法令の遵守（除く両替業務）に関する項目

④ 特別国際金融取引勘定の経理等に係る外為法令の遵守に関する項目

⑤ 両替業務における疑わしい取引の届出義務等に係る犯収法令の遵守に関する項目

⑥ 外国為替取引における通知義務に係る犯収法令の遵守に関する項目

◆財務省「外国為替検査ガイドライン」

資産凍結等経済制裁

economic sanctions such as asset freeze

外為法に基づく資産凍結等の措置を中心とした規制の総称として、外国為替検査ガイドライン（☞前項）で用いられている用語。

資産凍結等経済制裁の措置は、外為法に基づく支払、資本取引および役務取引を対象とし、2021年3月現在、以下に列挙するものが対象となっている。

対象者	支払	資本取引	役務取引
ミロシェヴィッチ前ユーゴスラビア大統領および関係者		○	
タリバーン関係者等	○	○	
テロリスト等	○	○	
イラク前政権の機関等およびイラク前政権の高官またはその関係者等		○	
コンゴ民主共和国に対する武器禁輸措置等に違反した者等	○	○	
スーダンにおけるダルフール和平阻害関与者等	○	○	
北朝鮮のミサイルまたは大量破壊兵器計画に関連する者等	○	○	
北朝鮮に関連する国際連合安全保障理事会決議に基づく資産凍結等の措置の対象となる者	○	○	
北朝鮮の核その他の大量破壊兵器および弾道ミサイル関連計画その他の北朝鮮に関連する国際連合安全保障理事会決議により禁止された活動等に関与する者	○	○	
北朝鮮に住所もしくは居所を有する自然人もしくは主たる事務所を有する法人その他の団体、これらのものに実質的に支配されている法人その他の団体【送金原則禁止措置】	○		
北朝鮮の核関連、弾道ミサイル関連またはその	○		○

対象者	支払	資本取引	役務取引
他の大量破壊兵器関連の計画または活動に貢献しうる活動に寄与する目的で行う取引または行為に係るもの【資金使途規制】			
ソマリアに対する武器禁輸措置等に違反した者等	○	○	
リビアのカダフィ革命指導者およびその関係者	○	○	
リビア前政権の機関等		○	
シリアのアル・アサド大統領およびその関係者等	○	○	
クリミア「併合」またはウクライナ東部の不安定化に直接関与していると判断される者	○	○	
禁止措置の対象となるロシア連邦の団体による本邦における証券の発行・募集		○	○
中央アフリカ共和国における平和等を損なう行為等に関与した者等	○	○	
イエメン共和国における平和等を脅かす活動に関与した者等	○	○	
南スーダンにおける平和等を脅かす行為等に関与した者等	○	○	
イランの核活動等に関与する者	○	○	
イランの核活動等に寄与する目的で行う取引または行為に係るもの【資金使途規制】	○		
核技術等に関連するイランによる投資の対象となる業種に属する事業を営む会社の株式・持分の取得		○	
マリ共和国における平和等を脅かす行為等に関与した者等	○		

(注)　資本取引の規制は行為類型により細分化されているので、正確な類型は財務省ホームページ（経済制裁措置および対象者リスト）を参照。

◆財務省ホームページ

制裁対象者リスト

sanctions list

　外為法に基づく資産凍結等経済制裁の対象となっているものの氏名、住所等（個人の場合には、生年月日やパスポート番号の記載などのケースもある）を列挙したリスト。

　外国為替検査ガイドラインでは、制裁対象者リストが更新（追加・情報改訂）された場合には、既存預金口座の照合や新しいリストに基づく新規預金口座の開設時・外国送金等のフィルタリングを適切に行うことが求められている。

　これは、米国において財務省外国資産管理局（Office of Foreign Assets Control：OFAC）が公表しているリスト（Specially Designated Nationals and Blocked Persons List：SDNリスト）に相当するものである。

◆財務省ホームページ
◆OFACホームページ

確認義務（外為法第17条）

confirmation obligation pursuant to the provisions of Article 17 of the Foreign Exchange Act

　確認義務とは、金融機関（資金移動業者も含む）が、外為法の対象となる支払および支払の受領を行うにあたり、外為法上の主務大臣の許可を要するものであるか否か、また許可を要するものである場合には、支払等を行う顧客が許可を得ているか否かを確認する義務をいう（第17条）。

　確認義務は、外為法が許可義務の対象とするテロリスト等に対する資金供与や拡散金融の措置の履行にあたってきわめて重要である。

　外為法上の許可義務は当該支払等を行おうとする者（たとえば、金融機関

に送金を依頼する者）に課されるが、確認義務の履行を怠り、無許可の支払等を行った金融機関は業務停止等の是正命令の対象となる。

◆財務省「外国為替検査ガイドライン」

制裁対象者に対する支払規制

regulation for sanctioned person

　制裁対象者に対する支払を主務大臣の許可の対象とする措置であり、外為法第16条に基づくもの（☞確認義務）。

◆財務省「外国為替検査ガイドライン」

貿易規制

regulations on trade

　外為法に基づく制裁措置のうち、特定国（北朝鮮およびイラン）に対しては、核開発やミサイル開発に関係する物が規制されており、特に北朝鮮の場合にはすべての貨物の輸出入および仲介貿易が許可制（原則禁止）となっている。

◆経済産業省ホームページ

資金使途規制

activity-based sanctions

　核開発等、特定の行為や活動に寄与する目的で行う資金移転等を規制する措置。個別の制裁対象者に対する措置と対をなす概念で、現在、イランおよ

び北朝鮮に係る国連安保理決議で規定されている。

　外為法では、支払、資本取引、役務取引に係る規制として規定している（☞資産凍結等経済制裁）。

◆財務省「外国為替検査ガイドライン」

拡散金融

proliferation financing（PF）

　大量破壊兵器（Weapons of mass destruction：WMD）の開発や拡散に対する資金支援。国連安保理は、決議第1540号（2004年）で、非国家主体に対する拡散金融の禁止を初めて規定したが、その後、対北朝鮮および対イラン制裁の決議で、WMDの拡散に関与する特定の対象者向けの資金移転や当該拡散に寄与する目的の資金移転（☞資金使途規制）を禁止している。日本では、主に外為法（☞資産凍結等経済制裁）において措置されている。

　FATFの第４次勧告では、拡散金融のうち、北朝鮮およびイランの核開発等に関与する対象者を特定した安保理決議のみを対象とする（勧告７およびIO.11）。なお、2020年の勧告改訂により、拡散金融に関しても、マネロン・テロ資金供与対策と同様、リスクベース・アプローチが適用されることとなった（勧告１）。

◆FATFホームページ（FATF Recommendations）

OFAC

Office of Foreign Assets Control

　米国財務省の下部組織で、米国の経済制裁措置の実施官庁の１つ。国際緊急経済権限法（IEEPA）や個別法、およびこれに基づく大統領令による制裁

を実施。違反者に対するcivil penaltyのなかには、米国人以外の者にも賦課されるものもある（☞セカンダリー・サンクション）。

◆OFACホームページ

セカンダリー・サンクション（制裁の域外適用）

secondary sanctions

　法令上の用語ではないが、主に米国の経済制裁措置のうち、米国人（US persons）に適用されるものをプライマリー・サンクションといい、米国人以外に適用されるものをセカンダリー・サンクションという。たとえばイラン関連取引が禁止されている場合、米国人以外が米国外でイラン関連取引を行った場合の制裁が該当する。

　したがって、米国の経済制裁の名宛人（義務が課される者）は、米国人のほかに、セカンダリー・サンクション対象者として、①制裁対象者に実質的に支配されている者、②制裁対象者と相当な取引関係にある者、③米国人の制裁違反の原因をもたらした者に分類できる。

◆OFACホームページ

資本取引等

capital transactions

　資本取引等とは、有価証券の売買、資本の貸借その他債権・債務に関係する経済取引であり、具体的には次頁の表のように外為法第20条において規定されている。資産凍結等経済制裁は国連安保理決議等の内容により、以下の規制累型の組合せによって実施されている（☞資産凍結等経済制裁）。

類型	行為者
預金契約または信託契約に基づく債権の発生・変更・消滅に係る取引	居住者－非居住者
金銭貸借契約または債務保証契約に基づく債権の発生等に係る取引	居住者－非居住者
対外支払手段または債権の売買契約に基づく債権の発生等に係る取引	居住者－非居住者
預金契約、信託契約、金銭貸借契約、債務保証契約、対外支払手段もしくは債権その他の売買契約に基づく外国通貨をもって支払を受けることができる債権の発生等に係る取引	居住者－居住者
非居住者からの証券の取得 非居住者に対する証券の譲渡	居住者
外国における証券の発行・募集 本邦における外貨証券の発行・募集	居住者
本邦における証券の発行・募集	非居住者
本邦通貨をもって表示されまたは支払われる証券の外国における発行・募集	非居住者

　なお、現行の外為法に基づく資産凍結等経済制裁に関する具体的な取引としては、預金、信託契約、金銭の貸借取引、債務の保証契約、証券の取得・譲渡・発行・募集となっている。特に経済制裁対象者が追加変更された際には、該当口座の有無の確認、新規口座開設の際には顧客が制裁対象者でないことを確認する必要がある。

◆外為法
◆財務省「外国為替検査ガイドライン」

送金取扱金融機関等

remittance handling financial institutions, etc.

　銀行等の業務には内国為替業務と外国為替業務があるが、送金取扱金融機関とは、外国送金を取り扱っている金融機関および資金移動業者とされている。外国送金を行う場合には、外為法に規定されている制裁措置に該当するか否かを確認する義務を履行する必要がある。

◆財務省「外国為替検査ガイドライン」

自動照合システム

automatic checking system

　資産凍結等経済制裁対象者への仕向送金ではないことを確認するために、送金人および受取人の氏名、住所等検索の対象とする情報と「制裁対象リスト」内の情報との類似性があらかじめ設定された一定の比率以上になる場合に、当該検索対象の情報を有する送金に係る事務処理を自動的に中断するプログラムが組み込まれた情報システムをいう。

　なお、外国為替検査ガイドラインでは、自動照合システムによる確認については、完全一致の場合のみを検索するのではなく、一定の類似性の場合の検索、いわゆる「あいまい検索」を行うことを求めている。

◆財務省「外国為替検査ガイドライン」

取次金融機関等

intermediary financial institutions, etc.

　外国為替検査ガイドラインで用いられている概念で送金取扱金融機関等が

他の金融機関等の顧客の送金依頼を取り次ぐ場合の他の金融機関等をいう。なお、取次金融機関は為替取引の当事者ではないため、外為法令の確認義務の規定が適用されないが、送金取扱金融機関等が適切に確認義務を果たすうえで、顧客と接する取次金融機関等との間の協力体制の構築が求められている。

金融庁ガイドラインにおいては、2021年2月の改正で、コルレス先や委託元金融機関等におけるマネロン・テロ資金供与対策リスク管理態勢等のリスク管理を行うことが盛り込まれた。

◆財務省「外国為替検査ガイドライン」
◆金融庁「ガイドライン」Ⅱ－2－⑷

国際テロリスト財産凍結法

Act on International Terrorist Assets-Freezing（Act on Special Measures Concerning International Terrorist Assets-Freezing, etc.）

国連安保理決議第1267号および第1373号（これらの後継決議を含む）に資産凍結等の措置の対象者に指定されている自然人・団体（本項において「テロリスト等」という）について、対象者の国内取引等を規制する法律。「国際テロリストの財産の凍結等に関する特別措置法（平成26年法律第124号）」は2015年10月施行。日本における資産凍結等の措置は、対外取引を対象とする外為法に基づき実施されているものの、同法は国内取引（指定されたテロリスト等が本邦居住者の場合など）は対象としていなかった。

2008年に採択されたFATFによる第3次対日審査において、この外為法に基づく措置が不十分である旨が指摘されたことから、新法の制定で対応した。

同法は安保理決議第1267号およびその後継決議（アル・カイーダおよびタリバーン関係者）および第1373号（安保理決議に基づき各国が指定）で指定された対象者を対象とする。なお、あくまでもこれらの決議への応急的対応を目

的としたものであるため、外為法のような恒久法ではなく、特別措置法という形式をとっている。

◆警察庁JAFIC「犯罪収益移転防止に関する年次報告書」
◆FATF「40の勧告」6（テロ等に対する金融制裁）

リスクベース・アプローチ（RBA）

Risk-Based Approach（RBA）

マネロン・テロ資金供与対策におけるリスクベース・アプローチ（RBA）とは、金融機関等が自ら直面するマネロン・テロ資金供与リスクを特定・評価し、これをリスク許容度の範囲内に実効的に低減するため、当該リスクに見合った対策を講じることをいう。

その狙いは、マネロン・テロ資金供与リスクの高低に応じて資源を配分することで、より実効的かつ効率的なマネロン・テロ資金供与対策を講じることとにある。

RBAは、FATF第4次勧告でより明確に打ち出され、日本でも現行の犯罪収益移転防止および金融庁ガイドラインで導入されている。

◆金融庁「ガイドライン」Ⅱ

金融活動作業部会（FATF）

Financial Action Task Force（FATF）

「金融活動作業部会（FATF）」は、1989年7月のG7首脳会議（アルシュ・サミット）において、マネー・ローンダリング対策における国際協力の強化のため、先進主要国を中心として設立が合意された政府間機関（政府間会合）。事務局はパリにある。

FATFの主な活動内容は以下のとおり。

① マネロン・テロ資金供与対策に関する国際基準（FATF勧告）の策定および見直し

② FATF参加国・地域相互間におけるFATF勧告の遵守状況の監視（相互審査）

③ FATF非参加国・地域におけるFATF勧告遵守の推奨

④ マネロン・テロ資金供与等の手口および傾向に関する研究（現在、37の国・地域、2国際機関が参加）。

　FATFは、1990年4月、各国における対策を調和させる必要から、法執行、刑事司法および金融規制の分野において各国がとるべきマネロン対策の基準として「40の勧告（第1次勧告）」を策定・公表した。

　FATFの任務（マンデート）は、設立当初のマネロン対策から、テロ資金供与対策、拡散金融へと拡大してきている（☞FATF勧告）。

　FATFに参加しているのは、2021年4月現在、以下の37の国・地域および2つの国際機関。

　アルゼンチン、オーストラリア、オーストリア、ベルギー、ブラジル、カナダ、中国、デンマーク、フィンランド、フランス、ドイツ、ギリシャ、香港、アイスランド、インド、アイルランド、イスラエル、イタリア、日本、韓国、ルクセンブルク、マレーシア、メキシコ、オランダ、ニュージーランド、ノルウェー、ポルトガル、ロシア、シンガポール、サウジアラビア、南アフリカ、スペイン、スウェーデン、スイス、トルコ、英国、米国、欧州委員会（EC）、湾岸協力理事会（GCC）

　また、FATFの取組みは、全世界をカバーする9つの「FATF型地域体」（FSRB）に支えられ、世界190以上の国・地域がFATF勧告の遵守をコミットしている。このように、FATF勧告はマネロン・テロ資金供与対策等の国際基準として認知されている。

　日本は、FATFの設立当初からのメンバーで、1998年7月～1999年6月に議長国を務めた。

◆FATFホームページ
◆警察庁JAFICホームページ（JAFICと国際機関等の連携）
◆金融庁「ガイドライン」Ⅱ

FATF勧告

FATF Recommendations

　マネー・ローンダリングやテロ資金供与、拡散金融への対策として、各国当局や金融機関等が実施すべき措置としてFATFが策定した国際基準。当該勧告は、1990年に公表された後、過去数次にわたる大改正が行われており、現行の勧告は第4次勧告と呼ばれている。

　主な改正の変遷は以下の表のとおり（第Ⅰ部末の概要表一覧も参照）。

FATF第4次勧告までの改正の推移

主な改正	主な改正内容
第2次勧告 （1996年～）	・マネロン罪の範囲拡大（薬物犯罪からより広い前提犯罪へ） ・特定の金融取引に従事する非金融機関への適用を各国に慫慂 ・法人の身元確認 ・シェルカンパニー（幽霊会社）の乱用防止
8つの特別勧告の採択 （2001年）	2001年9月11日の米国同時多発テロ事件を受け、テロ資金対策に関する8つの特別勧告を追加
第3次勧告 （2003年～）	・マネロンの犯罪化を義務づけ ・「顧客管理」（CDD）概念の導入 ・FIUの設置義務づけ ・非金融機関（DNFBPs：特定非金融業者および職業専門家）の指定および監督態勢の義務化
特別勧告の追加 （2004年）	キャッシュ・クーリエに関する特別勧告の追加

第4次勧告 （2012年～現在）	・「9つの特別勧告」を40の勧告に統合して再構成 ・リスク評価の実施とリスクベース・アプローチの明文化 ・拡散金融に関する勧告を追加 ・相互審査に有効性の基準を導入 ・顧客管理の義務の対象に暗号資産交換業者を追加 （2019年）

◆FATFホームページ（FATF Recommendations）
◆警察庁JAFIC「犯罪収益移転防止に関する年次報告書」

FATF勧告の解釈ノート

Interpretive Notes to the FATF Recommendations

　FATF勧告に添付され、40項目からなるFATF勧告のうち26個の勧告について、勧告の内容をより詳しく説明したガイドライン。相互審査やフォローアップでのオンサイト審査では、勧告やメソドロジーとあわせ、この解釈ノートの理解度も問われる。

◆FATF解釈ノート（財務省ホームページに仮訳掲載）

FATFの相互審査

FATF Mutual Evaluations

　FATF勧告の遵守状況を、FATF加盟国によってチェックし、その履行状況が一定水準に達するまで改善を求める仕組み。FATFは、この相互審査のメカニズムによって実効性を担保している（peer review）。
　審査にあたっては、被審査国以外の政府職員を中心とする審査団が結成され、メソドロジーに基づき、被審査国のFATF勧告の履行状況につき、法制

度、監督・取締体制、法執行体制などの観点から審査し、報告書のかたちでまとめて公表する。2013年からは、第4次勧告に基づく相互審査（第4次審査）が行われている。

日本に対する相互審査（対日審査）は、1993年、1997年および2008年に実施され、2019年からは第4次対日審査が行われている。

過去のFATF対日審査における主な指摘事項

相互審査	指摘された主な不備および勧告
第1次 （1993～94年）	・前提犯罪の範囲が薬物犯罪に限定されている。 ・疑わしい取引の届出件数が少なく、これを集中して管理する組織がない。 ・金融機関に対し、どのような疑わしい取引を届け出ればよいか示されていない。
第2次 （1997～98年）	・第1次審査で指摘した不備事項（前提犯罪の拡大）が改善されておらず、犯罪化されていない違法取引に由来する多額の収益が日本国内で洗浄されているおそれ。 ・法執行当局、金融監督当局およびFIUの連携が必要。 ・金融機関、特に第1線の職員に対し、マネロンの実態や疑わしい取引の見地に関する研修の実施が必要。 ・預金取扱金融機関以外の事業者（両替業者、証券会社、保険会社等）に対し、業種別のガイドラインの提示が必要。
第3次 （2008年）	・顧客管理の対象が顧客の本人確認に限定されており、しかも、写真付きでない本人確認書類が許容されている。 ・取引の真の受益者の確認が義務づけられていない。 ・取引の目的や性質に関する確認が義務づけられていない。 ・リスクベース・アプローチが採用されておらず、高リスク顧客に対する強化された顧客管理、低リスク顧客に対する簡素化された措置が許容されていない。

（注）　いずれも2020年11月1日閲覧。なお、第3次相互審査での指摘事項は多岐にわたるため、金融機関の顧客管理に関する部分（パラ19～21）を抜粋した。
（出所）
第1次：https://www.fatf-gafi.org/media/fatf/documents/reports/1993%201994%20ENG.pdf
第2次：https://www.fatf-gafi.org/media/fatf/documents/reports/1997%201998%20ENG.

pdf

第3次：https://www.fatf-gafi.org/media/fatf/documents/reports/mer/MER%20Japan%20ES.pdf

◆警察庁JAFIC「犯罪収益移転防止に関する年次報告書」

FATF相互審査のメソドロジー

Methodologies

FATF相互審査における着眼点を記した文書。「40の勧告」に関する審査項目（クライテリア）および有効性審査におけるImmediate Outcome（IO）の審査項目から構成される。このクライテリアや項目の達成状況の総合評価が各勧告およびIOの評定（rating）となる。

◆FATFホームページ（Methodologies）

技術的（法令）遵守状況と有効性の審査

Technical Compliance, Effectiveness

技術的（法令）遵守状況（Technical Compliance：TC）とは、被審査国の法令等がFATFの40の勧告の求める内容との整合性を評価するもので、4段階（Compliant > Largely Compliant > Partially Compliant > Non Compliant）で示される。第3次相互審査までは、これが審査の中心であった。

有効性は、被審査国における当局の法執行や監督態勢、特定非金融業者・職業専門家（DNFBP）の実務における顧客管理等において、どの程度FATFが求める基準を満たしているかを評価するもの。この有効性評価は、第3次審査において、法令が整備されていても実効性が伴わないケースが散見されたことや、実態よりも法令整備の技術的な対応が過度に強調された反省から、第4次勧告で明示的に導入された。有効性は、11項目からなる「直接的

効果」（☞Immediate Outcome：IO）によって評価される。

　TCとIOは、各々別のクライテリアで審査され評定が行われるが、各国の相互審査の結果をみると、一定程度の相関関係が認められる。

◆FATFホームページ（Methodologies）

有効性審査における「直接的効果」

Immediate Outcome（IO）

　FATF第4次相互審査における有効性の審査基準。すなわち、当局における監督・法執行、金融機関・DNFBPの実務において、どの程度有効なマネロン・テロ資金供与対策等が行われているかを測定するもの。全部で以下の11項目から構成され、4段階（High Effectiveness > Substantial Effectiveness > Moderate Effectiveness > Low Effectiveness）で評価される。

　メソドロジーには、各項目における審査員の着眼点や審査にあたって参照すべき資料が規定されている。

直接的効果の11項目の概要

IO	内　容
1	マネロン・テロ資金供与リスクの認識・協調
2	国際協力
3	金融機関・非金融機関の監督
4	予防措置（金融機関、非金融専門業者）
5	法人・信託の悪用防止
6	特定金融情報の活用
7	マネロンの捜査・訴追
8	犯罪収益の没収
9	テロ資金供与の捜査・訴追

10	テロ資金の凍結、NPOの悪用防止
11	拡散金融

10.4（金融機関等）の有効性の評価基準

項目	主要課題（抄）
4.1	金融機関およびDNFBPは、自らのマネロン・テロ資金供与に係るリスクおよびマネロン・テロ資金供与対策の義務をどの程度十分に理解しているか。
4.2	金融機関およびDNFBPは、自らのリスクに見合ったリスク低減措置をどの程度十分に適用しているか。
4.3	金融機関およびDNFBPは、顧客管理措置および記録保存措置をどの程度十分に適用しているか。顧客管理措置が不十分な場合、取引はどの程度拒絶されるか。
4.4	金融機関およびDNFBPは、(a)PEPs、(b)コルレス銀行、(c)新しい技術、(d)電信送金規制、(e)テロ資金供与に関係する対象者への金融制裁、(f)FATFが特定した高リスク国に対して厳格な措置または特別な措置をどの程度十分に適用しているか。
4.5	金融機関およびDNFBPは、犯罪収益と思われるものやテロ支援を疑われる資金について、報告義務をどの程度果たしているか。
4.6	金融機関およびDNFBPは、マネロン・テロ資金供与対策に係る義務の履行確保のための内部管理および手続をどの程度適用しているか。

（注） DNFBP（Designated Non-Financial Business or Profession）とは、金融機関以外にFATF勧告の名宛人と指定されている事業者。

◆FATFホームページ（Methodologies）

FATF相互審査のフォローアップ・プロセス

Follow-up Process

　FATF相互審査において、被審査国が、相互審査報告書（Mutual Evaluation Report, MER）で指摘された不備事項（TCおよびIO）を所定の水準に達するまで改善し、それをFATFが検証するプロセス。

被審査国は、不合格と認定された項目（法令遵守状況の場合はNon Compliantおよび Partially Compliant、有効性の場合はLow EffectivenessおよびModerate Effectiveness）について、一定数について合格水準に達するまで改善措置を講じてFATFの認定（rerating）を受けなければならない。

また、被審査国は相互審査報告書の評価（TCとIOの評定結果）によって、通常フォローアップ（Regular Follow-up）と強化されたフォローアップ（Enhanced Follow-up）に区分される。前者の場合、次の進捗報告はMER採択30カ月経過後のFATF全体会合で行うことになるが、後者の場合は16カ月後である。強化されたフォローアップのうち、特に評価の低い国については、MER採択後12カ月後の改善状況をもとに、次のステップが決められ、その後の改善の進捗が芳しくない場合にはハイリスク国として国名公表されるおそれもある。

◆FATFホームページ（審査手続）

バーゼル銀行監督委員会（BCBS）

Basel Committee on Banking Supervision（BCBS）

バーゼル銀行監督委員会（Basel Committee on Banking Supervision：BCBS、以下「BCBS」）は、1974年6月の西ドイツ・ヘルシュタット銀行破綻に伴う国際金融市場の混乱を受けて、1975年、G10中央銀行総裁会議によって設立された。BCBSの会合は、主としてスイスのバーゼルにある国際決済銀行（Bank for International Settlements：BIS）本部において年4回程度開催されており、事務局もBIS内に設置されているが、中央銀行の集まりであるBISからは独立した存在として位置づけられている。

BCBSは、法的には国際的な監督権限を有しておらず、その合意文書等も

法的拘束力を有するものではない。しかしながら、BCBSが公表している監督上の基準・指針等は、各国の監督当局が自国内においてより実効性の高い銀行監督を国際的に整合性のあるかたちで行うための環境整備に資するものとして、世界各国において幅広く取り入れられている。

　なお、BCBSは、マネロン・テロ資金供与対策に関して、2014年1月に「マネーローンダリング及びテロ資金供与リスクの適切な管理に係るガイドライン」（BCBSガイドライン）を公表している。

◆金融庁ホームページ（国際関連情報＞バーゼル銀行監督委員会）
◆金融庁「ガイドライン」Ⅰ

ウォルフスバーグ・グループ

Wolfsberg Group

　2000年に結成された日米欧の13の金融機関で構成される団体で、独自にマネロン・テロ資金供与対策を含む金融犯罪に対する基準やガイダンスを策定している。名称の由来は、初回の会合がスイス北東部にあるウォルフスブルク城（Chatêau Wolfsberg）で開催されたことによる。

　同グループは、マネロン・テロ資金供与対策に関し、principles、standard、FAQ、ガイダンスペーパーなどを公表しているほか、官民の連携の橋渡しにも取り組んでおり、その会合には、FATF関係者や主要国の監督当局者なども参加している。

　また、同グループが公表しているコルレス銀行デュー・ディリジェンス質問票（CBDDQ）や金融犯罪コンプライアンス質問票（FCCQ）は、金融機関間でコルレス決済サービス等の提携を行う際に、相手方のリスク管理態勢等を把握するひな型として用いられている。

◆ウォルフスバーグ・グループホームページ

対応が求められる事項

required actions

　金融庁ガイドラインでは、マネロン・テロ資金供与対策を適切に行うための基本的な事項として「対応が求められる事項」が明記されている（☞巻末の資料2）。金融庁は、同ガイドラインのFAQにおいて、当局の検査等を通じて、対応が求められる措置が不十分であると認められた場合には、法令に基づき行政処分を行う場合があると示している。

◆金融庁「ガイドライン」およびFAQ

対応が期待される事項

expected actions

　金融庁ガイドラインでは、前項の「対応が求められる事項」に係る態勢整備を前提に、特定の場面や、一定の規模・業容等を擁する金融機関等の対応について、より堅牢なマネロン・テロ資金供与リスク管理態勢の構築の観点から対応することが望ましいと考えられる事項として、「対応が期待される事項」が紹介されている（☞巻末の資料2）。

　2021年2月の改正では、それまで「対応が期待される事項」とされていたものの一部が削除され、「対応が求められる事項」に格上げされている。

◆金融庁「ガイドライン」

ギャップ分析

gap analysis

　ギャップ分析とは、法令やガイドラインで求められている事項と金融機関

等の態勢の相違を評価する作業。ここでは金融機関等の現状のマネロン・テロ資金供与リスク管理態勢に関して、金融庁ガイドラインに記載されている「対応が求められる事項」「対応が期待される事項」などを内規や実務と照合して評価し、改善すべき事項・内容を的確に把握し、すみやかに改善策を講じることが求められる。

なお、ギャップ分析を行うにあたってガイドラインやFAQの一言一句との形式的な対比だけでなく、当該対応がなぜ求められるのか、いままで対応していなかった理由などについて、掘り下げた分析を行い、「木を見て森を見ず」とならないことが重要である。

◆金融庁「ガイドライン」Ⅰ−2

先進的な取組み事例

cases of advanced practices

　金融庁ガイドラインでは、金融機関等におけるフォワード・ルッキングな対応を促す観点から、過去のモニタリングや海外の金融機関等において確認された優良事例を、他の金融機関等がベスト・プラクティスを目指すにあたって参考となる「先進的な取組み事例」として紹介している。

◆金融庁「ガイドライン」

フォワード・ルッキング

forward looking

　金融庁ガイドラインの「基本的考え方」において、経営戦略のあり方に関する文脈で用いられている。ガイドラインは、将来にわたり、金融機関の業務がマネロンやテロ資金供与に利用されることのないよう、フォワード・

ルッキングな管理態勢の強化の必要性を強調している。

　字義的には、「先を見越した」や「将来を見据えた」という意味であるが、マネロン・テロ資金供与対策の観点では、特に次のような点へ留意しつつ、それを先取りした取組みが重要と考えられる。

① 新たに台頭すると考えられるリスクに対するプロアクティブな対応（たとえば新技術を用いた取引パターン、新たな取引仲介業者の参画、他の事業者との連携に伴うリスク）

② ポストコロナで非対面取引が主流になることに伴うリスクと、それを前提としたリスク管理

③ 地政学リスクの高まりとそれに対する国際的な動向（テロ資金や経済制裁に係るリスク、各国当局による制裁措置違反への処分の厳罰化への対応）

◆金融庁「ガイドライン」Ⅰ

ステークホルダー

stakeholder

　ステークホルダーとは、顧客・当局等を含む幅広い関係者を意味する。金融機関は、マネロン・テロ資金供与対策が有効に機能するための継続的な取組みや経営戦略のなかで、将来にわたりその業務がマネー・ローンダリングやテロ資金供与に利用されることのないようフォワード・ルッキングに管理態勢の強化等を図るとともに、その方針・手続・計画や進捗状況等に関し、データ等を交えながら、これらステークホルダーに対して説明責任を果たすことが求められる。

◆金融庁「ガイドライン」Ⅰ

FATF「40の勧告」の概要

勧告	勧告の概要	勧告	勧告の概要
1	リスク評価とリスクベース・アプローチ	21	届出者の保護義務
2	国内関係当局間の協力	22	DNFBPにおける顧客管理
3	資金洗浄の犯罪化	23	DNFBPによる疑わしい取引の報告義務
4	犯罪収益の没収・保全措置	24	法人の受益所有者
5	テロ資金供与の犯罪化	25	法的取極の受益所有者
6	テロリストの資産凍結	26	金融機関に対する監督義務
7	大量破壊兵器の拡散に関与する者への金融制裁	27	監督当局の権限の確保
8	非営利団体（NPO）の悪用防止	28	DNFBPに対する監督義務
9	金融機関の守秘義務	29	FIUの設置義務
10	顧客管理	30	資金洗浄・テロ資金供与の捜査
11	本人確認・取引記録の保存義務	31	捜査関係等資料の入手義務
12	PEPs（重要な公的地位を有する者）	32	キャッシュ・クーリエ（現金運搬者）への対応
13	コルレス契約	33	包括的統計の整備
14	代替的送金サービス	34	ガイドラインの策定義務
15	新技術の悪用防止	35	義務の不履行に対する制裁措置
16	電信送金（送金人情報の付記義務）	36	国連諸文書の批准
17	顧客管理措置の第三者依存	37	法律上の相互援助、国際協力
18	金融機関における内部管理規定の整備義務、海外支店・現法への勧告の適用	38	外国からの要請による資産凍結等
19	勧告履行に問題がある国・地域への対応	39	犯人引渡
20	金融機関における資金洗浄、テロに関する疑わしい取引の届出	40	国際協力（外国当局との情報交換）

（出典）　警察庁「犯罪収益移転防止に関する年次報告書」

方法論：
リスクベース・アプローチ

Q2.1 金融庁ガイドラインがマネロン・テロ資金供与対策の手法としてあげているリスクベース・アプローチとはどういうものですか。

　リスクベース・アプローチ（RBA） とは、リスク管理におけるアプローチの1つで、リスクの大きさに基づいた低減策を講じる手法です。具体的には、リスクを洗い出（特定）し、その大きさを評価したうえで、その結果に応じて対応策を講じることをいいます。

　マネロン・テロ資金供与対策においても、金融機関等は、自身のマネロン・テロ資金供与リスクを洗い出したうえで、これを評価し、リスク許容度の範囲内に実効的に低減させるための対策を講ずる必要があります。

　リスクベース・アプローチはFATF第4次勧告でも明示されており、マネロン・テロ資金供与対策の基本とされています。

　ちなみに、リスクベース・アプローチの対義語は、ルールベース・アプローチであり、法令や規則に基づいて手続を遵守するアプローチです。

Q2.2 なぜ、マネロン・テロ資金供与対策としてリスクベース・アプローチは有効とされるのでしょうか。

　従来、日本の金融機関におけるマネロン・テロ資金供与対策としては、犯罪収益移転防止法や外為法等の法令遵守が重視され、それらの規定に基づき、営業店窓口を中心に、取引時確認等が行われてきました。こうしたルールベース・アプローチでは明らかな制裁対象者等を捕捉し、謝絶・排除につなげることはできても、それ以外の取引や顧客については、リスクの有無・大きさにかかわらず、一律に受け入れている例が多くみられました。

　しかし、このような画一的なチェックでは、巧妙に進化するマネロン・テロ資金供与の手口や常に変動するリスクに対応できず、ルール改正までの間に生じた抜け穴につけ入られるおそれがあります。

これに対し、リスクベース・アプローチでは、自社のビジネスモデルの変化や、情報技術の進化、経済・金融の国際化・複雑化、国内外の犯罪・テロの動向もふまえて、リスクが高い取引は何かを継続的に特定し、営業店等に持ち込まれた取引のリスクの高低を評価し、効果的にリスクを低減することが可能となるため、より実効的な対応が可能になります。

Q2.3　リスクベース・アプローチは法令化されていないのですか。

　リスクベース・アプローチの実施は、FATF勧告全体を貫く基本原則であり、各国に「自国におけるマネロン・テロ資金供与のリスクを特定・評価（NRA）」することを求める一方で、金融機関等は「自らが取り扱う商品・サービス等のマネロン・テロ資金供与のリスクを特定・評価するための適切な手段を講ずる」ことを要請するなど、国・金融機関等の双方にリスクベース・アプローチの実施を求めています。

　これを受けて日本では、2016年10月に施行された改正犯罪収益移転防止法において以上のような規定の整備が行われました。

① 　国家公安委員会による犯罪収益移転危険度調査書の作成・公表（法第3条第3項）

② 　犯罪収益移転危険度調査書の内容を勘案して講ずべき措置（法第11条第4号、同法施行規則第32条第1項）

③ 　疑わしい取引の届出要否の判断における犯罪収益移転危険度調査書の勘案（法第8条第2項）

④ 　マネロン等の危険性が高い取引に係る疑わしい取引の届出の要否の判断に際しての統括管理者による確認等の厳格な手続（法第8条第2項、施行規則第27条第3号）

Q2.4 実際にリスクベース・アプローチ（RBA：リスクの特定、評価、低減）はどのようなプロセスで進めればよいですか。

(1) リスクの特定

リスクの特定は、金融機関等が、自らが提供している商品・サービスや顧客属性、取引形態、地域等のリスクを包括的かつ具体的に洗い出し、自らがさらされているマネロン・テロ資金供与リスクを特定するものです。

リスクの特定は、包括的かつ具体的に行うことが求められることから、主管部門に対応を一任するのではなく、経営陣が地域・部門横断的なガバナンス確立等について主導性を発揮して、このガバナンスのもとで関係するすべての部門が連携・協力して、全社的な視点で実施することが必要です。

また、検証に際しては、国家公安委員会が年1回発表する犯罪収益移転危険度調査書等を参考に、たえず変化するマネロン・テロ資金供与をめぐる最新の情勢をふまえる必要があります。金融機関等は、単にこれを参照するだけではなく、自らの業務の規模や内容、地理的特性、事業環境・経営戦略に応じたマネロン・テロ資金供与リスクを特定する必要があります。

金融庁ガイドラインにおいては、前記の基本的な対応に加え、より堅牢なマネロン・テロ資金供与リスク管理態勢の構築の観点から「対応が期待される事項」として、リスクの把握の鍵となる商品・サービス、取引形態、国・地域、顧客の属性等に関する主要な指標を特定し、これらの指標についての定量的な分析を行うことで、重要なリスクの高低や変化を適時・適切に把握することを推奨しています。

(2) リスクの評価

リスクの評価は、前記(1)において特定されたマネロン・テロ資金供与リスクの自らへの影響度を評価することで、次のステップであるリスクの低減措置等を検討するための基礎をなすものです。また、具体的なリスク低減措置を講ずるためには資源配分の見直し等が求められることから、リス

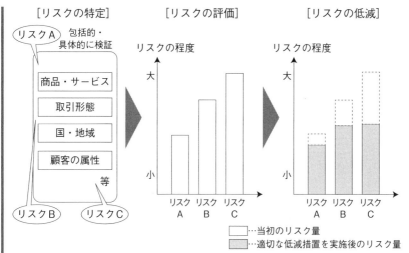

[リスクの特定]　　　　[リスクの評価]　　　　[リスクの低減]

出典：金融庁「マネロン・テロ資金対策の基本的な考え方―経営目線の重要性」

クの評価に関しても、リスクの特定と同様、経営陣の関与のもとで全社的に実施し、その結果（文書化されたもの）を経営陣が承認する必要があります。

　リスク評価は具体的かつ客観的に行うことが求められることから、疑わしい取引の届出の状況等の分析等を含む定量的な手法を用いることが必要です。

　金融庁ガイドラインは、リスク評価の見直しを定期的に行うのみならず、マネロン・テロ資金供与リスクに重大な影響を及ぼしうる事象の発生等に際しても必要に応じて見直す必要があると定めています。この見直しを効果的に行うためには、見直しの時期、期間、見直しを行う状況（トリガー）をあらかじめ定め、文書化しておくことが求められます。

(3)　**リスクの低減**

　金融機関等がさらされているマネロン・テロ資金供与リスクを低減させるための措置は、リスクベース・アプローチに基づくマネロン・テロ資金供与リスク管理態勢の実効性を決定づけるものといえます。リスクベー

ス・アプローチにおいては、前記(1)リスクの特定、(2)リスクの評価で特定・評価された結果に基づき、優先順位を考慮したうえで、講ずべき低減措置を実施することになります。

リスクベース・アプローチに基づくリスク低減措置は、マネロン・テロ資金供与リスクが高い場合には、より厳格な措置を講じることが求められる一方、リスクが低いと判断した場合には、より簡素な措置を行うことになります。また、業界団体等から提供される情報や当局等からの情報を参照しつつ、自らの直面するリスクに見合った低減措置を講ずることが必要になります。

Q2.5 リスク低減措置は具体的にどのようなものがありますか。

代表的なリスク低減措置には、「顧客管理」と取引モニタリング・フィルタリング等があげられます。これらを適切に組み合わせて実施していくことでリスク低減効果を高めることが期待できます。以下、金融庁ガイドラインがリスク低減措置としてあげている事項について、順に説明します。

(1) **顧客管理**（カスタマー・デュー・ディリジェンス：CDD)

金融庁ガイドラインでは、特に個々の顧客に着目して、顧客の情報や当該顧客が行う取引の内容等を調査したうえで、その調査結果をリスク評価の結果と照らして、講ずべき低減措置を判断・実施する一連の流れを、「顧客管理」（カスタマー・デュー・ディリジェンス：CDD）と呼び、リスク低減措置の中核的な項目として位置づけられています。

金融機関等が顧客と取引を行うにあたっては、当該顧客がどのような人物・団体（取引主体となりうる実体を有する限り、法人格の有無にかかわらず広く含まれます）で、団体の実質的支配者はだれか、どのような取引目的を有しているか、資金の流れはどうなっているかなど、顧客に係る基本的

な情報を適切に調査したうえで顧客リスク評価を行い、講じるべき低減措置を判断・実施することが求められます。また、「対応が期待される事項」では団体の顧客について、当該団体が形成しているグループ全体のリスクを勘案することが推奨されています。

　顧客管理は、取引の開始時に行われる取引時確認等で完結するものではなく、取引継続時・終了時まで続く、いわば取引のライフサイクルに対応するかたちで行われるべきものです。この顧客管理のライフサイクルのそれぞれの段階において、金融機関は、個々の顧客やその取引のリスクの大きさに応じて調査を行い、講じるべき低減措置を的確に判断・実施しなければなりません。たとえば、**外国PEPs**（Foreign Politically Exposed Persons）や**特定国等**に係る取引に対しては、リスクに応じた**厳格な顧客管理**（Enhanced Due Diligence：EDD）を行うことが求められる一方、リスクが低いと判断した顧客には、リスクに応じた**簡素な顧客管理**（Simplified Due Diligence：SDD）を行うこととし、効率的かつ円滑な取引の実行に配慮する必要があります。

　金融庁ガイドラインにおいては、金融機関が顧客管理のライフサイクル全体を統一的かつ一貫性のあるかたちで規律できるよう、顧客・取引のリスクとそのリスクに応じた対応を類型的・具体的に判断することを確保するため、「**顧客の受入れに関する方針**」および「**継続的な顧客管理の方針**」を定め、その手続を規定化する必要があります。

(2)　**取引モニタリング・フィルタリング**

　個々の顧客に着目する顧客管理のほかにも、リスク低減措置の実効性を確保する手段として、取引そのものに着目し、取引状況の分析、異常取引や制裁対象取引の検知等を通じてリスクを低減させる手法があります。これらを取引モニタリング・フィルタリングといい、金融機関等は、適切な取引モニタリング・フィルタリングを実施することが求められています。

　具体的には、取引モニタリングにおいて用いる抽出基準（シナリオ・敷居値等）には、自らのリスク評価を反映するとともに、実際の検知結果や

疑わしい取引の届出状況等をふまえ、届出をした取引の特徴（業種・地域等）や当該抽出基準の有効性を分析し、当該抽出基準の改善を図ることが求められています。

また、取引フィルタリングを実効的に行うためには、照合対象となる制裁リストが最新のものとなっており、制裁対象の検知基準がリスクに応じた適切な設定となっていることなどが求められます。そして、国際連合安全保障理事会決議等で経済制裁対象者等が指定された際には、遅滞なく照合するなど、国内外の制裁に係る法規制等の遵守その他リスクに応じた必要な措置を講ずることが求められます。

(3) 記録の保存

金融機関等は、自らの顧客管理の状況や結果等を示すものとして、また、当局への必要なデータの提出や、疑わしい取引の届出の要否の判断等において利用するために、確認記録や取引記録を適切に保存することが必要ですが、金融庁ガイドラインではこの「記録の保存」もリスク低減措置の一部とされています。

記録すべき情報には、確認記録・取引記録のほか、疑わしい取引の届出件数（国・地域別、顧客属性別等の内訳）、内部監査や研修等（関係する資格の取得状況を含む）の実施状況、マネロン・テロ資金供与リスク管理についての経営陣への報告や、必要に応じた経営陣の議論の状況などが含まれます。

(4) 疑わしい取引の届出

疑わしい取引の届出は、犯罪収益移転防止法が定める金融機関等の義務です。このため、金融機関等は、取引時の状況や金融機関等が有している情報を総合的に勘案したうえで、疑わしい取引に該当するか否かを適切に検討・判断するとともに、疑わしい取引に該当すると判断した場合には、届出を直ちに行う態勢を構築する必要があります。

また、実効性あるリスクベース・アプローチを確保する観点からは、自らが行った疑わしい取引の届出内容等を分析し、リスクの特定評価にも活

用することが重要です。具体的には、実際に疑わしい取引の届出を行った取引について低減措置を見直すことや、疑わしい取引を契機にリスクが高いと判断した顧客について、顧客リスク評価を見直すとともに、当該リスク評価に見合った低減措置を適切に実施することなどがあげられます。

(5) ITシステムの活用

　金融機関等は、ITシステムを活用することで、商品・サービス、取引形態、国・地域、顧客属性等のさまざまな情報を集約的に管理することができます。また、金融庁ガイドラインで述べられているとおり、ITシステムの的確な運用により、大量の取引のなかから、異常な取引を自動的かつ迅速に検知することや、その前提となるシナリオや敷居値をリスクに応じて柔軟に設定、変更等することが可能となるなど、リスク管理の改善が図られる可能性があります。金融機関等の経営陣には、マネロン・テロ資金供与のリスク管理に係る業務負担を分析し、より効率的効果的かつ迅速に行うために、ITシステムの活用の可能性を検討することが求められます。ITシステムの導入にあたっては、ITシステムの設計・運用等が、マネロン・テロ資金供与リスクの動向に的確に対応し、自らが行うリスク管理に見合ったものとなっているか検証するとともに、導入後も定期的に検証し、検証結果をふまえて必要に応じ改善を図ることが必要です。さらに、(2)でみた取引フィルタリングシステムについては、送金先や輸出入品目等についての制裁リストが最新のものとなるように適切な運用を図ることが不可欠です。

　内外の先進的なマネロン・テロ資金供与対策においては、取引時確認や疑わしい取引の検知・届出等の各局面で、AI（人工知能）、ブロックチェーン、RPA（ロボティック・プロセス・オートメーション）等の新技術（FinTech）が活用されるようになっています。金融庁ガイドラインでは、これらの対応に加え、「対応が期待される事項」として、新技術の有効性を積極的に検討し、他の金融機関等の動向や、新技術導入に関する課題の有無等もふまえながら、マネロン・テロ資金供与対策の高度化や効率化の

観点から、こうした新技術を活用する余地がないか、その有効性も含めて、必要に応じ、検討を行うことを推奨しています。

疑わしい取引の検知・監視・分析には、ITシステムを用いた取引モニタリング・フィルタリングのほか、マニュアル等を活用した職員の「気づき」を活用することが求められます。疑わしい取引の該当性の検討・判断には、国によるリスク評価の結果のほか、疑わしい取引の参考事例、自らの過去の疑わしい取引の届出事例等もふまえつつ、外国PEPs該当性、顧客属性、当該顧客が行っている事業、顧客属性・事業に照らした取引金額・回数等の取引態様、取引に係る国・地域その他の事情を考慮することが求められます。

⑹　データ管理（データ・ガバナンス）

ITシステムの有効性等は、ITシステムにおいて用いられるデータの正確性があってはじめて担保されるものです。金融機関等は、ITシステムを有効に活用するために、確認記録・取引記録等について正確に記録するほかデータを正確に把握・蓄積・整理するなど、適切に管理することが求められています。

Q2.6　地域金融機関等の中小金融機関にとってマネロン・テロ資金供与に巻き込まれそうな業務としては、いちばんに海外送金を思い浮かべます。特に留意すべき点を教えてください。

海外送金等の取引は、国内で完結する送金等に比べて資金移転の追跡が困難になることや、犯罪収益はマネロン・テロ資金供与対策の水準が低い国や地域に流れやすいことなどから、マネロン・テロ資金供与リスクが高いとされます。

また、日本と異なる独自の規制や経済制裁を実施している国が関係する場合には、当該国の法令についても留意する必要があり、抵触した場合に、多額の制裁金を科されるリスクもあります。

顧客から海外送金の依頼があった場合には、その送金目的を確認し、金額や送金先、送金経路等と送金目的の間に乖離がある場合には、その実態を正しく把握することが重要です。また、送金依頼人と送金元が同一か、複数の人の送金を取りまとめて持ち込んでいないかなどの点も重要になります。これらの論点は、仕向送金だけでなく、被仕向送金の場合も、送金元との整合性においても同様です。

　2021年2月に改正された金融庁ガイドラインでは、海外送金の委託元金融機関に対するモニタリングやマネロン・テロ資金供与リスク管理態勢の実態の確認が強化されています。中小金融機関が他の金融機関に海外送金を委託する場合には、必要に応じ、把握している送金内容等を委託先金融機関と共有し、連携してリスク低減策を講ずることが求められます。

Ⅱ リスクベース・アプローチ（RBA）を理解するためのキーワード

犯罪収益移転危険度調査書

National Risk Assessment of Money Laundering and Terrorist Financing（NRA）

　国家公安委員会が、犯罪収益移転防止法第3条に基づき、犯罪による収益の移転の危険性の程度（以下「危険度」）の評価を行い、公表している調査書のことであり、特定事業者が行う取引の種別ごとに、危険度等を記載している。

　犯罪収益移転防止法第11条第4号および同法施行規則第32条第1項第1号では、特定事業者に対し、「特定事業者作成書面」の作成や見直しにあたっては、本調査書の内容を勘案しつつ、自らの取引の調査・分析を行うこととしている。

　金融機関等は、リスクベース・アプローチの出発点である自らのリスクの特定・評価にあたり、この調査書をベースとしつつも、自らの疑わしい取引の届出などをもとに、固有のリスクを把握することが求められる。

◆国家公安委員会「犯罪収益移転危険度調査書」
◆警察庁JAFIC「犯罪収益移転防止に関する年次報告書」
◆犯罪収益移転防止法第3条第3項、第11条第4号等

疑わしい取引の届出

Suspicious Transaction Report（米国ではSuspicious Activity Report）

　マネロン・テロ資金供与を防止するための対策の1つであり、犯罪収益移転防止法第8条に規定されている犯罪収益に係る取引に関する情報を集めて捜査に役立てることを目的とする制度のことである。

金融機関等は、特定業務に係る取引について、当該取引において収受した財産が犯罪による収益である疑いがあるかどうか、または顧客等が当該取引に関して組織的犯罪処罰法第10条の罪、もしくは麻薬特例法第6条の罪に当たる行為を行っている疑いがあるかどうかを判断し、これらの疑いがあると認められる場合、すみやかに行政庁に届け出る必要がある。

なお、犯罪収益移転防止法第8条第3項により、金融機関等はこの届出を行おうとすることや、行ったことを顧客やその関係者に漏らしてはならないこととされている（内報の禁止、tipping-off）。

◆犯罪収益移転防止法第8条
◆金融庁「ガイドライン」Ⅱ－2－(3)

リスクの特定

identify the ML/TF risks

マネロン・テロ資金供与リスクの特定は、金融機関が自らの提供している商品・サービスや取引形態、取引に係る国・地域、顧客の属性等のリスクを包括的かつ具体的に検証し、直面するマネロン・テロ資金供与リスクを特定するものであり、金融庁のガイドラインにおいてもリスクベース・アプローチの出発点と位置づけられている。なお、リスクの特定に際しては、国によるリスク評価結果（犯罪収益移転危険度調査書）のみならず、外国当局や業界団体等が行う分析等についても適切に勘案していくことが重要とされている。

また、包括的かつ具体的な検証を行うためには、社内に散在する情報を集約し、統一的な視点で分析することが不可欠であるため、経営陣が主導性を発揮して、関係するすべての部門の連携・協働を確保することが求められる。

◆金融庁「ガイドライン」Ⅱ－2－(1)

リスクの評価

assessing the ML/TF risks

　マネロン・テロ資金供与リスクの評価は、特定されたマネロン・テロ資金供与リスクの自らへの影響度等を評価し、低減措置等の具体的な対応を基礎づけるものであり、金融庁ガイドラインにおいても「リスクベース・アプローチの土台」と位置づけられている。したがって、金融機関等は、リスクの評価に際し、事業環境・経営戦略の特徴も含め、自らのリスクプロファイルを十分に把握しなければならない。

　リスクの評価はリスクベース・アプローチの次のステップであるリスク低減措置の具体的内容と資源配分の見直し等の検証に直結する。このためリスク評価は経営陣の関与のもとで、全社的に実施することが重要であり、経営戦略全体のなかでのリスク許容度、資源配分方針の検証・見直し等の一環として、考慮・検討される必要がある。

◆金融庁「ガイドライン」Ⅱ－2－(2)

リスクの低減

mitigating ML/TF risks

　マネロン・テロ資金供与リスクを低減させるための措置は、金融機関等が、自らの直面するマネロン・テロ資金供与リスクを低減させるために行う措置であり、金融庁ガイドラインにおいても「リスクベース・アプローチに基づくマネロン・テロ資金供与リスク管理態勢の実効性を決定づけるもの」と位置づけられている。

　リスクベース・アプローチにおいては、実際の顧客の属性・取引の内容等を調査し、調査の結果に基づくリスク評価の結果とリスク許容度を勘案しつつ、必要な低減措置を実施することとなる。

リスク許容度

risk tolerance

　改正前のガイドラインにも、「自らを取り巻く事業環境・経営戦略、リスクの許容度も踏まえた上で、当該リスクに見合った低減措置を講ずること」との記述がみられたが、改正ガイドラインに関するパブリックコメント（「リスク許容度の範囲内」の意味）の回答のなかで、「リスク低減措置を行った後の残存リスクが、当該金融機関等のリスク上の許容範囲に収まること」とされ、この点がより明確化された。

　ここで「許容範囲」の判断にあたっては、リスク評価書上で一定の点数以下になるという形式基準だけでなく、残存するリスクが何で、それはどのような方法によってどこまで払拭できるのか、さらに、どのような事象がトリガーとなって許容範囲を超えるレベルに変異しうるのか、という見極めが重要である。

◆金融庁「ガイドライン」Ⅰ－2－⑴

顧客管理（カスタマー・デュー・ディリジェンス）

Customer Due Diligence（CDD）

　リスク低減措置のうち、特に個々の顧客に着目し、自らが特定・評価したリスクを前提として、個々の顧客の情報（どのような人物・団体か、団体の場合、実質的支配者はだれか、どのような取引目的を有しているか、資金の流れはどうなっているか等）や当該顧客が行う取引の内容等を調査し、必要な低減措置を判断・実施する一連の流れ（手続）をいう。

金融機関等は、顧客管理の各段階（取引関係の開始時・継続時・終了時）において、個々の顧客やその行う取引のリスクの大きさに応じて調査し、講ずべき低減措置を的確に判断・実施する必要がある。

　また、金融機関等においては、これらの過程で確認した情報、自らの規模・特性や業務実態等を総合的に考慮し、すべての顧客について顧客リスク評価を実施するとともに、自らが、マネロン・テロ資金供与リスクが高いと判断した顧客については、リスクに応じた厳格な顧客管理（Enhanced Due Diligence：EDD）を行う一方、リスクが低いと判断した場合には、リスクに応じた簡素な顧客管理（Simplified Due Diligence：SDD）を行うなど、円滑な取引の実行に配慮することが求められている。

◆金融庁「ガイドライン」Ⅱ－2－(3)

継続的顧客管理

ongoing（customer）due diligence

　顧客管理のなかでも、一見取引ではなく、反復継続して取引を行う顧客の場合にはさらなる対応がFATF勧告および金融庁ガイドラインで明記されている。継続的顧客管理とは所定の取引時確認を終えて取引を開始した後に、顧客の属性やリスク、取引内容のモニタリングを行い、当初の取引時確認時等の理解と著しい乖離があった場合に適切なリスク低減措置を講ずる一連のプロセスをいう。とりわけ、顧客が法人や団体の場合、取引開始時の申告だけで、その活動実態を正しく把握することに限界があることもあり、取引を進めつつ、申告内容との乖離がないかなどを確認していくことが重要になってくる。

　継続的顧客管理を着実に実施するためには、点検をする要件（トリガー）を定め、第1線および第2線による確認、そして関係部門の情報共有と連携が不可欠である。

継続的顧客管理を行う頻度について、金融庁ガイドラインのFAQでは、リスクの程度に応じ、1～3年の期間を示しているが、これは特段の異常がなかった場合の原則ととらえ、実務上は、事象に応じ、より柔軟な対応が必要になると考えられる。

金融機関等が有する顧客や取引内容に関する認識や理解と実態との間に乖離があると認められた場合には、当該顧客への確認や必要な追加資料の徴求が主な対応となるが、リスク許容度を超える場合には、取引の中断や謝絶などもありうる。

◆金融庁「ガイドライン」Ⅱ－2－(3)

特定取引

specified transactions

特定取引とは、犯罪収益移転防止法において、特定事業者が行う取引のうち、取引時確認や確認記録の作成・保存義務の対象となる取引のことであり、次の2つの類型がある。

・対象取引

犯罪収益移転防止法施行令第7条に列挙されている取引をいう。預貯金口座の開設や200万円超の大口現金取引、クレジットカード契約の締結、10万円超の現金送金など、事業者の業態ごとに規定されている。なお、「200万円」や「10万円」といった敷居値以下の取引であっても、1回当りの取引の金額を減少させるために1件の取引を分割していることが一見して明らかなものは、1件の取引とみなされる。

・特別の注意を要する取引

「対象取引」以外の取引で、顧客管理を行ううえで特別の注意を要するものとして次に掲げる取引をいう。なお、敷居値以下の取引や簡素な顧客管理を行うことが許容される取引であっても、特別の注意を要する取引に

該当する可能性がある。

　〇マネー・ローンダリングの疑いがあると認められる取引

　〇同種の取引の態様と著しく異なる態様で行われる取引

　　　　　　　　　◆犯罪収益移転防止法第4条、第6条
　　　　　　　　　◆警察庁JAFIC「犯罪収益移転防止法の概要」

ハイリスク取引

high risk transactions

　ハイリスク取引とは、狭義には、犯罪収益移転防止法第4条第2項に規定するマネー・ローンダリング等のリスクが高い取引のことであり、次のいずれかに該当する取引をいう。

・なりすましの疑いがある取引または本人特定事項を偽っていた疑いがある顧客との取引

・特定国等に居住・所在している顧客との取引

・外国PEPs（重要な公的地位にある者（Politically Exposed Persons））との取引

　ハイリスク取引を行うに際しては、通常の特定取引と同様の確認事項に加え、リスクベース・アプローチの観点から、より厳格な顧客管理を行うために、その取引が200万円を超える財産の移転を伴うものである場合には「資産および収入の状況」の確認を行うこととなる。

　また、マネー・ローンダリングに利用されるおそれの高い取引であることをふまえ、「本人特定事項」および「実質的支配者」については、通常の特定取引に際して行う確認の方法に加え、追加の本人確認書類または補完書類の提示または送付を受けることになる。

　さらに、継続的な契約（たとえば預貯金契約）に基づく取引（たとえば預金の払戻し）に際し、なりすましや偽りの疑いがある場合には、当該継続的な

契約に際して確認した書類以外の書類を少なくとも1つ確認する必要がある。そのため、たとえば、預貯金契約の締結に際して運転免許証により本人特定事項の確認を行った場合には、ハイリスク取引である預金の払戻しに際しては、運転免許証以外の書類（マイナンバーカード等）により本人特定事項の確認を行う。

　なお、金融庁ガイドラインは、リスクベース・アプローチによるマネロン・テロ資金供与対策として、すべての顧客について顧客リスク評価を実施するとともに、リスクが高いと判断した顧客についてはリスクに応じた厳格な顧客管理を行うことを求めている。金融機関等のリスクベース・アプローチのなかでは、狭義におけるハイリスク取引という法令上明記された類型のみにとらわれることなく、自律的な取組みとして、マネロン・テロ資金供与リスクを特定・評価し、そのリスクに見合った低減措置を講ずることこそが、実効的なマネロン・テロ資金供与対策において重要である。

◆犯罪収益移転防止法第4条第2項
◆警察庁JAFIC「犯罪収益移転防止法の概要」
◆金融庁「ガイドライン」Ⅱ－2－(3)

実質的支配者（受益者）

beneficial owner

　最終的に顧客である法人を所有し、または支配している自然人および／または取引の効果が帰属する者をいう。また、法人または法的取極めを最終的かつ実質的に支配している者も含む。

　犯罪収益移転防止法の定義によれば、法人の議決権（株式等）のうち、25％超を保有していることなどにより、法人の事業活動に支配的な影響力を有すると認められる地位にある自然人をいう。

　金融機関等においては、犯罪収益移転防止法に基づく取引時確認の際、法

人の実質的支配者に該当する自然人を特定し、その者の本人特定事項の申告をすることが求められている。

◆FATF新「40の勧告」解釈ノート
◆犯罪収益移転防止法施行規則第11条
◆金融庁「ガイドライン」Ⅱ－2－(3)

外国PEPs

Foreign Politically Exposed Persons（PEPs）

PEPsとは、政府や国際機関において重要な役職にある者のこと。犯罪収益移転防止法は外国PEPsのみを規定し、同法施行令第12条第3項各号および同法施行規則第15条各号に掲げられている。

・わが国における内閣総理大臣、国務大臣および副大臣に相当する職
・わが国における衆議院議長、衆議院副議長、参議院議長、参議院副議長に相当する職
・わが国における最高裁判所の裁判官に相当する職
・わが国における特命全権大使、特命全権公使、特派大使、政府代表または全権委員に相当する職
・わが国における統合幕僚長、統合幕僚副長、陸上幕僚長、陸上幕僚副長、海上幕僚長、海上幕僚副長、航空幕僚長、航空幕僚副長に相当する職
・中央銀行の役員
・予算について国会の議決を経、または承認を受けなければならない法人の役員

◆犯罪収益移転防止法施行令第12条、同法施行規則第15条
◆金融庁「ガイドライン」Ⅱ－2－(3)

特定国等

specified jurisdiction, etc.

　犯罪収益移転防止法施行令第12条各号に掲げるマネロン・テロ資金供与対策が不十分であると認められる国または地域をいう。

　現在のところ同法ならびに同施行令に規定されている国は「イラン」および「北朝鮮」である。

　犯罪収益移転防止法上の厳格な取引時確認の対象となる国は前記のとおりであるが、金融機関等は、たとえばFATFが随時発表するマネロン・テロ資金供与対策に欠陥がある国・地域や、時々刻々と変化する地政学リスクなどを勘案し、自身の顧客や取引内容などの関係で、犯罪収益移転防止法に規定されている特定国以外の国や地域であっても、リスクを特定・評価して、それに対する適切なリスク管理を行う必要がある。

◆犯罪収益移転防止法施行令第12条

厳格な顧客管理

Enhanced Due Diligence（EDD）

　金融機関等においては、すべての顧客について顧客リスク評価を実施するとともに、自らが、マネロン・テロ資金供与リスクが高いと判断した顧客について、いわゆる外国PEPs（Foreign Politically Exposed Persons）や特定国等に関係する取引を行う顧客も含め、たとえば以下の措置を実施することで、リスクに応じた厳格な顧客管理を行うことが求められている。

・資産・収入の状況、取引の目的、職業・地位、資金源等について、リスクに応じ追加的な情報を入手すること

・当該顧客との取引の実施等につき、上級管理職の承認を得ること

・リスクに応じて、当該顧客が行う取引に係る敷居値の厳格化等の取引モニ

タリングの強化や、定期的な顧客情報の調査頻度の増加等を図ること
・当該顧客と属性等が類似する他の顧客につき、顧客リスク評価の厳格化等が必要でないか検討すること
・顧客の営業内容、所在地等が取引目的、取引態様等に照らして合理的ではないなどのリスクが高い取引等について、取引開始前または多額の取引等に際し、営業実態や所在地等を把握するなど追加的な措置を講ずること

◆金融庁「ガイドライン」Ⅱ－2－(3)
◆犯罪収益移転防止法第4条第2項前段

簡素な顧客管理

Simplified Due Diligence（SDD）

　金融機関等においては、マネロン・テロ資金供与リスクが低いと判断した場合には、リスクの特性をふまえながら、当該顧客が行う取引のモニタリングに係る敷居値を上げたり、顧客情報の調査範囲・手法・更新頻度等を異にしたりするなどのリスクに応じた簡素な顧客管理（Simplified Due Diligence：SDD）を行うなど、円滑な取引の実行に配慮することが求められている。

◆金融庁「ガイドライン」Ⅱ－2－(3)

顧客の受入れに関する方針（顧客受入方針）

customer acceptance policies

　顧客受入方針とは、マネロン・テロ資金供与対応の観点から、取引時確認の内容・方法、スクリーニングの内容・方法、顧客リスク評価、リスクに応じた継続的な顧客管理など、主に第1線の担当者がマネロン・テロ資金供与対応を適切に行うためのガイドライン（事務手続）を指すものである。金融

庁ガイドラインにおいても、同方針の策定が求められており、その際には、たとえば、顧客の経歴、資産・収入の状況や資金源、居住国等、顧客が利用する商品・サービス、取引形態等、さまざまな情報を勘案することが必要となる。

金融庁ガイドラインによると、顧客受入方針とは、「自らが行ったリスクの特定・評価に基づいて、リスクが高いと思われる顧客・取引とそれへの対応を類型的・具体的に判断する」ための方針である。すなわち、金融機関として直面するリスクを特定・評価した結果、「高リスク」等として特定・評価された類型（例：外国との取引、反社会的勢力など）を、営業店等の全職員に簡潔かつ明瞭に連携するとともに、それらの類型に該当する顧客や取引に遭遇した場合にとるべき行動（謝絶・承認手続、本部への報告など）を具体的に示すものである。

管理部門は、この顧客受入方針を策定して営業店等に周知徹底させることにより、リスク評価書において特定・評価されたマネロン等に係るリスク情報を、具体的な業務運営に即したかたちですべての営業店等に浸透させることができる。

なお、顧客や取引が「高リスク」等の類型に該当するか否かは、第一義的には営業店等が判断することとなるが、それを可能とするためには、「顧客から入手すべき情報は何か」「入手した情報をどのように検証・評価するか」「リスクに応じた厳格な顧客管理（EDD）はどのような兆候があった時に実施するか」「EDDの内容・程度はどのようなものか」といった事項について、あらかじめ明瞭かつ具体的な基準（チェックリスト形式が望ましい）を営業店等に示しておく必要がある。かかる基準も、顧客受入方針の一部として（あるいは付随・関連するものとして）、管理部門がその専門的知見に基づいて策定する。

ちなみに、金融庁ガイドラインでは、「継続的な顧客管理の方針」を決定し、実施することも金融機関等に求めているが、顧客管理の一連の流れは、取引関係の開始時、継続時、終了時の各段階に便宜的に区分することはでき

ても、相互に密接に関連するものであり、また何より一貫性が重要であるため、「継続的な顧客管理の方針」は、顧客受入方針のなかで、あるいは同方針と一体的に定めることが望ましいといえる。

◆金融庁「ガイドライン」Ⅱ－2－(3)

取引モニタリング・フィルタリング

transaction monitoring and transaction filtering

「取引モニタリング」は、過去の取引パターン等と比較して異常取引の検知、調査、判断等を通じてリスクを低減させる手法であり、「取引フィルタリング」は、反社会的勢力や制裁対象取引等のリストとの照合を行うことなどを通じてリスクを低減させる手法である。

◆金融庁「ガイドライン」Ⅱ－2－(3)
◆FSAガイドラインに対する金融庁の回答（125番）

異常取引

unusual large transactions, or unusual patterns of transactions

異常取引とは、多額・頻繁な取引など通常取引とは乖離した取引や顧客確認時に取得した情報から乖離している取引、また、取引モニタリングにより検知された取引。厳格な顧客管理や疑わしい取引の届出が必要か否かを検討するトリガーとなりうる取引である。

◆金融庁「ガイドライン」Ⅱ－2－(3)

制裁対象取引

transactions subject to economic sanctions

　制裁対象取引とは、各国が国連安保理決議や独自の法令に基づき実施している経済制裁の対象として規制されている取引。日本であれば、外為法に基づく資産凍結等の措置が求められる経済制裁措置および経済制裁対象者が関連している取引をいう。また、米国であれば、財務省外国資産管理局（OFAC）が公表しているSDNリスト（Specially Designated Nationals and Blocked Persons List）等に掲載されている個人、企業が関係する取引がこれに該当する。

　欧米では、制裁対象取引を行った金融機関等に対し多額の制裁金が科されるケースが増えている。こうした取引を回避するためには、制裁対象者リストに基づいてフィルタリングだけでなく、その取引がどの地域の法域（jurisdiction）に関係するかという、取引および取引関係者の正しい把握が重要である。

◆金融庁「ガイドライン」Ⅱ－2－(3)

記録の保存

Record Keeping

　犯罪収益移転防止法第6条において、金融機関等の特定事業者が取引時確認を行った場合には、直ちに確認記録を作成し、特定取引等に係る契約が終了した日から7年間保存しなければならない旨が規定されている。また同法第7条には、特定事業者が特定業務に係る取引を行った場合には、少額取引等の例外を除き、直ちに顧客等の確認記録を検索するための事項、当該取引の期日および内容その他の事項に関する記録を作成し、当該取引等が行われた日から7年間保存しなければならないことが規定されている。なお、金融

機関等が保存する確認記録や取引記録は、自らの顧客管理の状況や結果等を示すものであるほか、当局への必要なデータの提出や疑わしい取引の届出の要否の判断等にも必須の情報とされている。

◆犯罪収益移転防止法第6条、第7条
◆金融庁「ガイドライン」Ⅱ−2−(3)

ITシステムの活用

utilizing IT systems

　ITシステム（ソフトウエアを含む）の活用等により、金融機関等は自らの継続的な顧客管理について、商品・サービス、取引形態、国・地域、顧客属性等のさまざまな情報を集約管理し、大量の取引のなかから、異常な取引を自動的かつ迅速に検知することや、その前提となるシナリオや敷居値をリスクに応じて柔軟に設定、変更等することが可能となるなど、リスク管理の改善が図られる可能性がある。

◆金融庁「ガイドライン」Ⅱ−2−(3)

データ管理（データ・ガバナンス）

data management, data governance

　金融機関等において、確認記録・取引記録等について正確に記録するほか、ITシステムを有効に活用する前提として、データを正確に把握・蓄積し、分析可能なかたちで整理することである。金融機関等は、データの適切な管理を実施することが求められており、確認記録・取引記録のほか、リスクの評価や低減措置の実効性の検証等に用いることが可能な情報を把握・蓄積し、分析可能なかたちで整理するなど適切な管理を行い、必要に応じて当

局等に提出できる態勢としておくことが求められている。

　金融庁ガイドラインでは、リスクベース・アプローチによる継続的な顧客管理の枠組みにおいては、すべての顧客についてマネロン・テロ資金供与に係る情報を収集・蓄積し、分析することで、顧客リスク評価を実施することが求められている。

　その場合、ITシステムにおいては、これまで以上に顧客情報等のデータについて、網羅性・正確性が重要となることから、同ガイドラインでは、データの適切性に関する定期検証に関する項目が明確化されている。

◆金融庁「ガイドライン」Ⅱ－2－⑶

海外送金

foreign remittance

　国境を越えて行われる送金（仕向および被仕向）の総称で、外為法上の「支払等」に該当する。

　海外送金は、国内送金に比べて資金移転の追跡が困難になることや、犯罪収益は、マネロン・テロ資金供与対策の水準が低い国や地域に流れやすいことなどから、マネロン・テロ資金供与リスクが高いとされる。

　また、日本と異なる独自の法規制や経済制裁を実施している国が関係する場合には、当該国の法令についても留意する必要があり、抵触した場合に、多額の制裁金を科されるリスクもある。

　2021年2月に改正された金融庁ガイドラインでは、海外送金の委託元金融機関に対するモニタリングやマネロン・テロ資金供与リスク管理態勢の実態の確認が盛り込まれた。

　海外送金が、貿易金融の決済手段として行われる場合については、その取引内容や送金の経路等に関するリスクへの留意が必要となる（☞輸出入取引等に係る資金の融通および信用の供与等）。

コルレス契約

correspondent banking arrangement

　外国為替取引の際に相手の国にある為替銀行と業務上結ぶ必要のある取決めのこと。この相手先の銀行をコルレス先または取引先銀行といい、コルレス銀行が開設している為替決済勘定をコルレス勘定という。犯罪収益移転防止法では、外国所在の銀行との間でコルレス契約を締結するに際しては、コルレス先のマネロン・テロ資金供与リスクの管理態勢等を確認することが求められている。なお、為替決済のために自行名義の預金勘定を置いている先を「デポジタリー・コルレス（デポ・コルレス）」、預金勘定を置いていない先を「ノン・デポジタリー・コルレス（ノン・デポ・コルレス）」という。

　金融機関等は、さまざまなコルレス先について、所在する国・地域、顧客属性、業務内容、マネロン・テロ資金供与リスク管理態勢、現地当局の監督等をふまえたうえでリスク評価を行い、リスクの高低に応じて定期的な監視の頻度等に差異を設けることが期待されている。

◆金融庁「ガイドライン」Ⅱ－2－⑷

業務委託先

outsourced entity

　世界各地に幅広くコルレス網を展開していない地域金融機関等の中小金融機関は、海外送金等の業務を契約により大手行等に委託することがある。この場合の大手行等を業務委託先（受託金融機関）、中小金融機関を委託元金融機関という。金融機関等がコルレス契約を締結したり、他の金融機関等から

海外送金等を受託等している場合、マネロン・テロ資金供与リスクの低減措置の実効性は、契約の相手方のマネロン・テロ資金供与リスク管理態勢に拠らざるをえない面があり、これらの契約の相手方におけるマネロン・テロ資金供与リスク管理態勢を適切に監視することが求められる。

　金融庁の改正ガイドラインでは、コルレス先や委託元金融機関等についてのリスク評価を対応が求められる事項として規定している。

　また、金融機関等においては、コルレス先や業務委託先からの照会等があった場合には、自らのリスク管理態勢や低減措置等の状況を適切に説明することが必要となる場合もある。

◆金融庁「ガイドライン」Ⅱ－2－(4)

電信送金

wire transfer

　送金人のために金融機関を通じて電子的方法により、被仕向金融機関の受取人に資金を移転するための取引をいう。なお、電信送金はシリアル送金およびカバー送金を含む国外電信送金（仕向金融機関および被仕向金融機関が異なる国に所在する）および国内電信送金（仕向金融機関および被仕向金融機関が同じ国に所在する）に区別される。

◆FATF勧告16（電信送金）解釈ノート

中継金融機関

intermediary financial institutions

　シリアルまたはカバー送金において、仕向金融機関、被仕向金融機関またはその他の中継金融機関のかわりに電信送金を受け取り、発信する金融機関

をいう。なお、中継金融機関の対応としては、電信送金に付記された送金人および受取人に関するすべての情報が保持されることを確保する必要があり、必須送金人情報または必須受取人情報が欠如した国際電信送金は適切な対応が求められている。

◆FATF勧告16（電信送金）解釈ノート

カバー送金

cover payment

送金メッセージは仕向金融機関から被仕向金融機関に直接送付されるが、支払指図の経路は仕向金融機関から被仕向金融機関へ、1つまたは複数の中継金融機関を介して行われる電信送金をカバー送金という。

◆FATF勧告16（電信送金）解釈ノート

シリアル送金

serial payment

電信送金およびそれに付記する送金メッセージが仕向金融機関から被仕向金融機関に直接に、1つまたは複数の中継金融機関を経由して運ばれる一連の電信送金をいう。

◆FATF勧告16（電信送金）解釈ノート

ストレート・スルー・プロセシング

straight through processing

手作業による処理によらず、機械的に処理される支払決済取引をいう。

◆FATF勧告16（電信送金）解釈ノート

輸出入取引等に係る資金の融通および信用の供与等（貿易金融）

trade finance

金融庁の改定ガイドラインでは、海外送金等を行う際の留意点として、新たに「輸出入取引等に係る資金の融通および信用の供与等」という一節が追加された。対応が求められる事項として、輸出入取引に係る国・地域のリスク、取引等の対象となる商品、契約内容、輸送経路、利用する船舶等、取引関係者等のリスクにも留意が必要としている。

これらの事項に関する確認は、貿易決済を通じて犯罪収益を移転させるマネロン（いわゆるtrade-based money laundering：TBML）対策としてだけでなく、安全保障上機微な技術の移転（その対価の資金移転）や経済制裁に係る規制の潜脱行為を防止し、あるいは金融機関が巻き込まれないようにする観点からも重要である。

輸出入の取引に係る決済では、そのもととなる取引の全体像、とりわけ取引関係者、経由地、船舶などに法令等へ抵触するものがないかの把握が重要な鍵となるため、輸出入を行う顧客との情報共有を通じ、当該取引がどの国の法域と接点があるかを点検することが重要である（☞制裁対象取引）。また、内外の法規制については、関係する本邦当局（たとえば財務省や経済産業省）に確認することが望ましい。

特定非金融業者／職業専門家（DNFBP）

designated non-financial businesses or professions（DNFBP）

　金融機関以外の、マネロン・テロ資金供与リスクのある業務を行っている業種・職業として、カジノ、不動産業者、貴金属商、宝石商、弁護士、公証人、会計士など。日本では、犯罪収益移転防止法2条2項に列挙されている特定事業者が取引時確認等の義務を課せられている。

　DNFBPは、いわゆる「ゲートキーパー」として、FATF第3次勧告でFATF勧告の対象となったが、FATF相互審査でみる各国の対応状況にはばらつきがあった。実効性のあるマネロン・テロ資金供与対策を実現するためには、金融機関等だけではなく、DNFBPも含めた取組みの底上げが重要である。

◆FATF勧告22（DNFBPにおける顧客管理）
◆FATF勧告23（DNFBPによる疑わしい取引の届出義務）

ペイヤブル・スルー・アカウント

payable-through accounts

　第三者（外国金融機関）が自己のために直接用いる他の金融機関に開設するコルレス口座をいう。

　当該外国金融機関の顧客は開設した口座を通じて、取引を行うことが可能となる。

◆FATF勧告13（銀行のコルレス取引）
◆金融庁「ガイドライン」Ⅱ－2－(4)

FinTech

FinTech

FinTechとは金融（Finance）とテクノロジー（Technology）を組み合わせた造語であり、広くAI（人工知能）、ブロックチェーン等の新技術を用いた革新的な金融機関の業務のあり方ととらえることができる。

金融機関等は、マネロン・テロ資金供与対策において、こうした新技術の活用について、新技術の有効性を積極的に検討し、他の金融機関等の動向や、新技術導入に係る課題の有無等もふまえながら、マネロン・テロ資金供与対策の高度化や効率化の観点から、こうした新技術を活用する余地がないか、その有効性も含めて必要に応じ、検討を行っていくことが期待されている。

◆金融庁「ガイドライン」Ⅱ－2－(5)

RPA

Robotic Process Automation

FinTechにおける新技術の1つであり、人工知能等を活用し、書類作成やデータ入力等の定型的作業を自動化することである。

金融機関等は、RPA等の新技術の有効性を積極的に検討し、マネロン・テロ資金供与対策の高度化や効率化の観点から、こうした新技術を活用する余地がないか、前向きに検討を行っていくことが期待されている。

◆金融庁「ガイドライン」Ⅱ－2－(5)

団　体

　2021年に改正された金融庁のガイドラインでは、顧客管理の「対応が期待される事項」として、「団体の顧客についてのリスク評価にあたっては、当該団体のみならず、当該団体が形成しているグループも含め、グループ全体としてマネロン・テロ資金供与リスクを勘案すること」が新たに盛り込まれた。

　「団体」の概念について、金融庁ガイドラインのFAQでは「法人に限定されるものではなく、法人格なき社団を含む」と説明している。また、「団体が形成しているグループ」については、「機械的に判断されるものではなく、（その）性質などを個別具体的に判断する必要がある」としている。

　マネロン・テロ資金供与対策上、法人格の有無を問わず、人や財産の集合という器（vehicle）は、その結成や活動目的、構成員や実質的支配者などが不透明であることから、リスクが高いとされている。FATFは、勧告24と勧告25で、法人および法的取極めの実態把握の必要性を強調しており、その実質的支配者の確認にあたっては、複数の情報ソースからの情報を突き合わせる方法（multi-pronged approach）を採用している。

　金融機関等の実務においては、代表者（自然人）に対する取引時確認はもとより、複数のソースからの情報収集のほか、場合によっては、申告があった事務所の所在地に出向いて、活動実態の有無や、申告のあった事業の活動内容との整合性を確保することも重要である。

◆金融庁「ガイドライン」Ⅱ－2－(3)(ⅱ)

管理態勢と
その有効性の検証・見直し

リスクベース・アプローチの考え方を取り入れたマネロン・テロ資金供与対策の方針・手続・計画等を策定しました。これらをどのように運営していけばよいのでしょうか。

　金融機関等は、マネロン・テロ資金供与対策の実効性を確保するために策定した方針・手続・計画等を、**経営陣の主導的な関与**のもと、全社的に共有する必要があります。

　こうした方針・手続・計画等は、金融機関等におけるリスクベース・アプローチの実効性を確保するためのものであり、自らの規模・特性等をふまえつつ、マネロン・テロ資金供与（ML/TF）リスクの特定→評価→低減という一連の対応を明確に定めることが望まれます。

　特に顧客の受入れに関する方針、顧客管理、記録保存等の具体的な手法等について、全社的に整合的なかたちでこれを適用することが大切です。

　たとえば、支店によって顧客の受入方針が異なると、基準が相対的に緩い支店が犯罪者にねらわれることになったり、逆に取引を排除すべき顧客のスクリーニングが相対的に厳格な支店の対応がクレームを受ける原因になる可能性があるので、注意が必要です。

　さらに、これらの方針・手続・計画等に基づくマネロン・テロ資金供与対策の実効性は、**PDCA**サイクルによって、定期的に検証され、また、その検証をふまえて、必要に応じマネロン・テロ資金供与対策の見直しを不断に行っていくことが求められます。

　たとえば、「疑わしい取引の届出」を本部で集計するだけでなく、届出の推移、地域・支店別の状況、要因分析、国家公安委員会が公表している「犯罪収益移転危険度調査書」も参考にしながら、マネロン事例の発生、ML/TFリスクのある顧客や取引の推移などまで分析しリスク低減策の見直し・強化につなげていくことが大切です。また、金融庁ガイドラインは、リスク管理態勢の検証において、内部情報、内部通報、職員からの質疑等の情報もふまえることを、「対応が求められる事項」としてあげています。

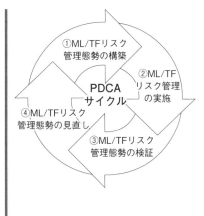

① **ML/TFリスク管理態勢の構築** 組織体制の構築、方針・規程・手続の制定等	
② **ML/TFリスク管理の実施** 策定した方針・規程・手続に従い、ML/TFリスク管理措置を実行	
③ **ML/TFリスク管理態勢の検証** モニタリング・監査を通じたML/TFリスク管理態勢の検証	
④ **ML/TFリスク管理態勢の見直し** 検証結果に基づき、必要に応じてML/TFリスク管理態勢の見直し	

　リスクベース・アプローチの各プロセス（リスクの特定・評価・低減）の実効性を検証するうえでは、マネロン・テロ資金供与対策を主に担う担当役員や主管部門における定期的なモニタリングに加え、内部監査部門が各部門・営業店等に対してマネロン・テロ資金供与対策の実施状況の確認を効果的に行うことが重要です。

　金融庁ガイドラインは、前記の対応に加え、「対応が期待される事項」として、マネロン・テロ資金供与対策を実施するために、自らの規模・特性・業容等をふまえ、必要に応じ、所管する専担部室を設置することや、必要に応じて外部専門家等によるレビューを受けることを推奨しています。

　金融庁は、改正ガイドラインおよびFAQにより、リスクベース・アプローチの実施方法を詳述していますので、現行の対応との間とギャップがないかを点検するとともに、その未達部分の手当てを行うことが求められます。その際に、外部専門家に助言を求め、客観性を担保することも有効と考えられます。

Q3.2 金融機関のマネロン・テロ資金供与対策の全社的な推進は、その専担部室が主導するということですか。

　全社的なマネロン・テロ資金供与対策を構築するためには、まず経営陣が、マネロン・テロ資金供与リスクについて正しく理解する必要があります。

　いまやマネロン・テロ資金供与リスクは経営戦略上の重要な課題で、トップダウンによってフォワード・ルッキングかつ、実効的な対応を推進していく必要がありますが、その重要性を全社的に浸透させるべく、経営陣はマネロン・テロ資金供与対策に関する責任・権限を有する役員を任命し、強固なガバナンス態勢を構築していくことが求められます。

Q3.3 マネロン・テロ資金供与に巻き込まれると経営に甚大な影響が及ぶ可能性があるのはわかりましたが、その対策は経営戦略上どのように位置づけるべきものでしょうか。

　経営戦略の観点に立つと、マネロン・テロ資金供与リスクは、自社の業務運営により増減するものです。このため、金融機関全体のリスク許容度、資源配分方針を考慮したうえでマネロン・テロ資金供与リスクの評価と低減のための措置を実施していくことが必要です。その意味でも、全社的な対応の高度化を推進し、営業部門を含めた全役職員に対しマネロン・テロ資金供与対策に対する意識を浸透させることが非常に重要になります。

　金融庁ガイドラインにおいては、前記の対応に加え、「対応が期待される事項」として、役職員の人事・報酬制度等において、マネロン・テロ資金供与対策の遵守・取組状況等を適切に勘案することを推奨しています。

Q3.4 金融機関が全社的にマネロン・テロ資金供与対策に取り組むうえで、だれがどのような役割を担うのが適切でしょうか。

　金融機関等は、各機関の業務の規模や特性に応じ、有効なマネロン・テロ資金供与リスク管理態勢を構築する必要があります。そのためには営業・管理・内部監査の各部門が担う役割・責任を明確化し、全社的に対応を進めることが重要です。このように、営業部門、コンプライアンス部門等の管理部門および内部監査部門の3つの機能を、マネロン・テロ資金供与リスクから金融機関等を守るという意味から、「**3つの防衛線** (three lines of defense)」と呼びます。

(1) 第1の防衛線

　第1の防衛線（第1線）とは、営業部門を指します。顧客と直接対面する活動を行っている営業店や営業部門は、マネロン・テロ資金供与リスクに最初に直面する重要な部門であり、その際に、リスクを適切に把握してそれに見合った低減措置を適切に講じるなど、最前線でマネロン・テロ資金供与を防止する役割を担っています。

　この第1線が有効に機能するためには、第1線に属するすべての役職員が、マネロン・テロ資金供与リスクを正しく理解したうえで、自らマネロン・テロ資金供与に自社を利用させない役割を担っていることを意識し、日々の業務運営にあたることが求められます。特に取引時確認等を含む顧客管理の具体的方法について、わかりやすいテキストや研修等によって習熟し本書も受験参考書となっている金融財政事情研究会の「AML/CFTスタンダード」検定試験等で理解度を確認しておくことが大切です。正しい知識を有していれば、自社の取組みをわかりやすく説明することもでき、顧客からも協力を得やすくなるでしょう。

(2) 第2の防衛線

　第2の防衛線（第2線）は、コンプライアンス部門やリスク管理部門といった管理部門を意味します。また第2線には、マネロン・テロ資金供与対策の主幹部門以外に、取引モニタリングシステム等を所管するシステム

部門や、専門人材の確保・維持を担う人事部門も含まれます。

これらの部門は、第1線の自律的なリスク管理に対して、一歩離れた視点、独立した立場から牽制を行うと同時に、第1線をサポートする役割を担います。牽制の例としては、システムを用いた監視の実効性確認（シナリオの適切性等の定期的な検証等）が含まれます。一方、サポートとしては、マネロン・テロ資金供与対策に係る方針・手続・計画等を研修等を通じて第1線にわかりやすく明確に説明して理解の徹底を図るとともに、現場等からの問合せ、相談に対応します。

また、全社的な疑わしい取引の届出状況や、管理部門に寄せられる質問内容・気づき等を営業部門に還元するほか、営業部門内においてもこうした情報を各職員に的確に周知するなど、営業部門におけるリスク認識を深めさせることも第2線の重要な役割です。

さらに、第2線を構成する各部門が、それぞれの部門の責務について認識を共有したうえで、密接な情報共有・連携を図り、協働する態勢を整備することが重要です。

⑶ **第3の防衛線**

第3の防衛線（第3線）は、内部監査部門を指します。内部監査部門は、独立した立場から、第1線と第2線が適切にその機能を果たしているか、もっと改善できる余地はないかについて、定期的に検証することが主な役割です。

内部監査においても、リスクベース・アプローチに基づくことが必要であり、監査計画の策定に際しては、第2線によるリスク評価結果も参考にしながらリスクが高いと判断した業務等を重点項目としますが、第2線とは独立の視点からリスクの高い業務等を自ら特定・評価し、検証の対象とすることも求められます。さらに内部監査結果は、監査役や経営陣に適切に報告し、監査結果のフォローアップを行う義務を負います。

このような実効性のある内部監査を実施するためにも、マネロン・テロ資金供与対策に係る適切な知識と専門性等を有する職員を配置することが

重要です。

Q3.5 当行は海外支店を有するほか、証券子会社や他県の地銀等と金融グループを形成しています。マネロン・テロ資金供与対策は当行だけで完結させてよいものなのでしょうか。

金融機関等がグループを形成している場合や国際的に業務を行っている場合、金融機関等には、傘下事業者の業態やその属する国・地域等の違いを考慮しながら、**グループベースの管理態勢**、すなわちグループ全体に適用されるマネロン・テロ資金供与対策に係る方針・手続・計画等を策定することが求められます。いうまでもなく、これらの方針・手続・計画等は、グループ全体に整合的なかたちであることが重要であり、グループ全体としてのリスク評価や、グループ内での情報共有態勢の整備が必要になります。

特に、海外拠点等を有する金融機関等グループについては、日本と各拠点が存在する国・地域では、地理的・政治的環境等が異なります。同様に日本とそれらの国・地域は、法規制等において求められるマネロン・テロ資金供与対策が異なりますし、情報保護法制等の違いからマネロン・テロ資金供与対策に必要な情報共有等が困難となること等も考えられます。

海外拠点等を有する金融機関等グループは、これらの事情をふまえたうえで、グループベースでの整合的な管理態勢の構築や、傘下事業者等への監視等を実施していく必要があります。そのためには、単に各海外拠点等に適用されるマネロン・テロ資金供与対策に係る法規制等を遵守するだけではなく、各海外拠点等に内在するリスクの特定・評価を行い、可視化したうえで、リスクに見合う人員配置を行うなど、グループ全体での適切なリスク低減措置を講じることが必要です。

さらに、外国金融グループの在日拠点においても、グループ全体としてのマネロン・テロ資金供与リスク管理態勢やコルレス先を含むわが国金融

機関等との取引状況について、当局等を含むステークホルダーに説明責任を果たしていくことが求められます。

Q3.6 全社的なマネロン・テロ資金供与対策に向けてどのような人材を確保し、育成していけばよいのでしょうか。

　マネロン・テロ資金供与対策の実効性は、リスク管理・コンプライアンス等の管理部門における対応にとどまらず、システム・国際部門や営業部門等を含むさまざまな部門の職員の理解にかかっています。金融機関等は、マネロン・テロ資金供与対策に関する専門性・適合性を有する職員の確保・育成等を図っていく必要があります。

　そのためには、第2、第3の防衛線を担う部署に、専門性・適合性等を有する職員を採用等により確保するとともに、適切かつ継続的な研修の実施や関係する（一社）金融財政事情研究会の「AML/CFTオフィサー」「AML/CFTオーディター」やCAMS等の資格取得の支援を通じて、全社的にマネロン・テロ資金供与対策に係る理解を向上させていくことが求められます。

　特に取引時確認等を含む顧客管理の具体的方法については、第1線を担う職員が、その役割に応じて的確に理解することができるよう、わかりやすい資料等を用いて周知徹底を図るほか、継続的な研修等を行うことが必要になります。

　金融庁のガイドラインは、前記の対応に加え、対応が期待される事項として、海外拠点等を有する金融機関等グループにおいて、各海外拠点等のリスク評価の担当者に対して、単にリスク評価の手法についての資料等を作成・配布するのみならず、リスク評価の重要性や正確な実施方法に係る研修等を当該拠点等の特殊性等をふまえて実施し、その研修等の内容についても定期的に見直すことをあげています。

　また、海外拠点等を有し、海外業務が重要な地位を占める金融機関等グ

ループでは、マネロン・テロ資金供与対策に携わる職員が、マネロン・テロ資金供与に係る国際的な動向について、有効な研修等や関係する資格取得に努めるよう態勢整備を行うことを推奨しています。

管理態勢を理解するためのキーワード

PDCA

Plan-Do-Check-Action

　Plan-Do-Check-Actionの略であり、マネロン・テロ資金供与対策において
は、方針・手続・計画等の策定（Plan）・実施（Do）・検証（Check）・見直し
（Action）のことを指している。

　金融庁のガイドラインにおいては、マネロン・テロ資金供与対策の実効性
の確保のためには、自らの方針・手続・計画等を策定したうえで、経営陣に
よる主導的な関与のもと、これを全社的に徹底し、有効なマネロン・テロ資
金供与リスク管理態勢を構築することが求められている。また、この方針・
手続・計画等に基づくマネロン・テロ資金供与対策の実効性は、定期的に検
証され、この検証をふまえて、必要に応じ管理態勢の見直しを含めたマネロ
ン・テロ資金供与対策の改善を不断に図っていくことが求められている。

◆金融庁「ガイドライン」Ⅲ－1

経営陣の関与・理解

involvement and understanding of manegement

　マネロン・テロ資金供与リスク管理態勢の構築にあたり、経営陣には、当
該リスクが経営上重大なリスクになりうるとの理解のもと、関連部門等に対
応を委ねるのではなく、自ら主導的にマネロン・テロ資金供与対策に関与す
ることが求められる。具体的な例として、金融庁ガイドラインにおいては、
フォワード・ルッキングなギャップ分析の実施、関連部門が複数にまたがる

組織横断的な対応、専門性や経験をふまえた経営レベルでの戦略的な人材確保・教育・資源配分等が必要となることや、マネロン・テロ資金供与対策に関する取組みを全役職員に浸透させるために、業績評価においてマネロン・テロ資金供与対策を勘案するなど、経営陣の積極的な姿勢やメッセージを示すこと、経営陣がマネロン・テロ資金供与リスクを適切に理解したうえでマネロン・テロ資金供与対策に関する意識を高め、トップダウンによって組織横断的に対応の高度化を推進していくことなどをあげている。

◆金融庁「ガイドライン」Ⅲ−2

3つの防衛線

three lines of defense

リスクとコントロールの有効な管理のためには、3つの別々の部門（またはディフェンスライン）が必要だという考え方を指す。マネロン・テロ資金供与対策においては、有効なマネロン・テロ資金供与リスク管理態勢を構築するために、営業・管理・監査の各部門等が担う役割・責任を、経営陣の責任のもとで明確にして、組織的に対応を進めることを意味する。

◆金融庁「ガイドライン」Ⅲ−3

第1の防衛線（第1線）

first line of defense

顧客と直接対面する活動を行っている営業店や営業部門を指しており、マネロン・テロ資金供与リスクに最初に直面し、これを防止する役割を担っていることから、「第1線」と呼ばれる。

第1線が実効的に機能するためには、そこに属するすべての職員が、自ら

がかかわりをもつマネロン・テロ資金供与リスクを正しく理解したうえで、日々の業務運営を行うことが求められる。金融機関等においては、マネロン・テロ資金供与対策に係る方針・手続・計画等を整備・周知し、研修等の機会を設けて徹底を図るなど、第1線が行う業務に応じて、その業務に係るマネロン・テロ資金供与リスクの理解の促進等に必要な措置を講ずることが求められる。なお、第1線の担当者が具体的なマネロン・テロ資金供与対策対応を適切に実施するためには、顧客の受入れに関する方針を策定しておくことも有用である。

このほか、顧客に対して自社の取組みをわかりやすく丁寧に説明し、協力を要請することも第1線の重要な役割である。

◆金融庁「ガイドライン」Ⅲ－3－(1)

第2の防衛線（第2線）

second line of defense

コンプライアンス部門やリスク管理部門等の管理部門を指しており、これらの部門は、第1線の自律的なリスク管理に対して、独立した立場から牽制を行うと同時に、第1線を支援する役割も担っている。マネロン・テロ資金供与対策における管理部門には、これを主管する部門のほか、取引モニタリングシステム等を所管するシステム部門や専門性を有する人材の確保・維持を担う人事部門も含まれる。第1線に対する牽制と支援という役割を果たすために、管理部門には、第1線の業務に係る知見と、同業務に潜在するマネロン・テロ資金供与リスクに対する理解を併せ持つことが求められる。

◆金融庁「ガイドライン」Ⅲ－3－(2)

第3の防衛線（第3線）

third line of defense

　内部監査部門を指しており、内部監査部門には、第1線と第2線が適切に機能をしているか、さらなる高度化の余地はないかなどについて、これらと独立した立場から、定期的に検証していくことが求められる。また、内部監査部門は、独立した立場から、全社的なマネロン・テロ資金供与対策に係る方針・手続・計画等の有効性についても定期的に検証し、必要に応じて、方針・手続・計画等の見直し、対策の高度化の必要性等を提言・指摘することが求められる。

◆金融庁「ガイドライン」Ⅲ－3－(3)

グループベースの管理態勢

group-wide risk management

　金融機関等がグループを形成している場合に、グループ全体としてのマネロン・テロ資金供与対策に係る方針・手続・計画等を策定し、グループ全体に整合的なかたちで、必要に応じ傘下事業者等の業態等による違いもふまえながら、これを実施することを意味する。

　特に、海外拠点等を有する金融機関等グループにおいては、当該拠点等が属する国・地域とわが国における地理的・政治的その他の環境等が異なるため、実効的なマネロン・テロ資金供与対策を講ずるには、こうした違いをふまえつつ、グループとして一貫性のある態勢を整備することが必要となる。また、わが国と当該国・地域との間で、法規制等において求められるマネロン・テロ資金供与対策が異なることや、情報保護法制等の違いからマネロン・テロ資金供与対策に必要な情報共有等が困難となること等も考えられる。海外拠点等を有する金融機関等グループにおいては、こうした違いやグ

ローバルに展開する他の金融グループのプラクティス等をふまえながら、グループベースでの整合的な管理態勢の構築や、傘下事業者等への監視等を実施していく必要がある。特に、海外業務が大きな割合を占める、または、経営戦略上重要な位置づけとなっている金融機関等グループにおいては、マネロン・テロ資金供与対策に対する目線が急速に厳しさを増していることに鑑みると、その必要性は高いものと考えられる。また、外国金融グループの在日拠点においては、グループ全体としてのマネロン・テロ資金供与対策管理態勢およびコルレス先を含むわが国金融機関等との取引状況について、当局等を含むステークホルダーに説明責任を果たしていくことが求められる。

　金融庁ガイドラインでは、先進的な取組みとして本部がグループ共通の視点で海外拠点も含む全社的なリスクの特定・評価を行いつつ、実地調査等をふまえて各拠点に残存するリスクを実質的に判断し、グループベースの管理態勢の実効性強化に役立てている事例を紹介している。

　また、金融庁ガイドラインではグループベースの情報共有について、グループ全体で一元化したシステムを採用し、海外拠点が日々の業務で知りえた顧客情報や取引情報を日次で更新するほか、当該更新情報を本部と各拠点で同時に共有・利用することにより、本部による海外拠点への監視の適時性を高めている事例が示されている。

◆金融庁「ガイドライン」Ⅲ－4

職員の確保、育成等

human resource development

　専門性・適合性等を有する職員を必要な役割に応じ確保・育成しながら、適切かつ継続的な研修等（関係する資格取得を含む）を行うことにより、組織全体として、マネロン・テロ資金供与対策に係る理解を深め、専門性・適合性等を維持・向上させていくことを指している。

ちなみに金融機関役職員のマネロン・テロ資金供与対策に関する知識、実務への対応力を計る試験としては、2018年9月から「AML/CFTスタンダードコース」（金融財政事情研究会）が通年実施されている。

◆金融庁「ガイドライン」Ⅲ－5

CAMS

Certified Anti-Money Laundering Specialist（CAMS）

　マネー・ローンダリング防止とテロ資金供与対策の分野で、世界でも認知度の高い、Association of Certified Anti-Money Laundering Specialist（公認AMLスペシャリスト協会）は、主として次の3つを認定資格とし、下2つは上級CAMS認定資格として位置づけられている。

1. Certified Anti-Money Laundering Specialist（CAMS）
2. The Advanced AML Audit Certification（CAMS-Audit）
3. The Advanced Financial Crimes Investigations Certification（CAMS-FCI）

　前記のうち、1.CAMSは、マネロン・テロ資金供与対策関連業務に必要な知識を全体的にカバーしており、2.CAMS-Auditと3.CAMS-FCIでは、さらに監査や、調査に特化した専門スキルを認定している。

　受験条件は、いずれの資格も経験、研修、他資格の3項目についてポイントをつけていき、指定されているポイントを満たすこととしている。

　受験費用は、CAMSが1,500USドル弱（1年分の会員費込）で、CAMS-AuditおよびCAMS-FCIは、4,000USドル弱と他資格と比較すると高額である。

　認定条件は、CAMSは、コンピュータで出題される120の選択問題から、採点される問題の75点以上を正解。試験時間は210分（日本で日本語での受験可）なのに対し、CAMS-AuditおよびCAMS-FCIは、主に3日間の集合研修での積極的な参加と、その後約6カ月にわたり仕上げていく論文（White

Paper）の提出で採点される（現時点では日本での開催はなし。英語のみでの受講）。

　対策としては、CAMSが公表している300頁超で構成されている復習問題付スタディーガイドや、フラッシュカード（日本語版あり）を使用することや、CAMS-AuditおよびCAMS-FCIについては、集合研修で配布される資料および、論文を書く際に各自リサーチで得た資料で学習することになる。

　なお、近時の経済制裁分野への関心の高まりを反映し、2020年に新たな認定資格として、Certified Global Sanctions Specialist（CGSS）が追加された。

◆ACAMSホームページ

金融庁によるモニタリング

monitoring by the FSA

　金融庁は、ガイドラインをふまえた金融機関等におけるマネロン・テロ資金供与対策の取組状況等について、適切にモニタリング（検査・監督）を行い、その結果得られた情報を金融機関等と共有しつつ、管理態勢の強化を促し、必要に応じて、監督上の措置を講ずることを検討していく方針を明らかにしている。さらにモニタリングの際には、わが国におけるマネロン・テロ資金供与に係る実質的なリスクに着目するアプローチをとることとし、利用可能な情報を収集・集約し、金融システム全体を俯瞰したうえで、各業態のリスクおよび各業態における各金融機関等のリスクを特定し、評価するとしている。

◆金融庁「ガイドライン」Ⅳ−1

資金決済法

Payment Services Act

　「資金決済に関する法律（平成21年法律第59号）」は、近年の情報通信技術の発達や利用者ニーズの多様化等の資金決済システムをめぐる環境の変化に対応して、①前払式支払手段、②資金移動業、③暗号資産交換業、④資金清算業（銀行間の資金決済の強化・免許制）を規制する法律。銀行等以外の者で為替取引を業として営む「資金移動業者」と、暗号資産の交換等を業として行う「暗号資産交換業者」は、犯罪収益移転防止法において特定事業者として規定されており、犯罪収益移転防止法の取引時確認等さまざまな義務の履行が求められている。また、資金移動業務が海外送金を取り扱う場合には、外為法に基づく経済制裁措置に該当するか否かの確認義務を履行することが求められる。

◆日本資金決済業協会ホームページ
◆FATF勧告14（資金移動業）

テロ資金提供処罰法

Act on Punishment of Financing of Offences of Public Intimidation

　テロ資金提供処罰法（「公衆等脅迫目的の犯罪行為のための資金等の提供等の処罰に関する法律（平成14年法律第67号）」）は2002年に施行された。これは、「テロ資金供与防止条約」を締結するための立法措置として、公衆または国・地方公共団体、外国政府等を脅迫する目的で犯罪行為を行うための資金等を提供させる行為または提供する行為を処罰するものである。

　なお、2008年のFATF第3次対日審査においては、テロリスト等への資金だけでなく土地、建物、物品、役務その他の利益を提供する行為の犯罪化まで必要とされたことから、それらの措置を講じた同法の改正が2014年になさ

れ、同年12月に施行されている。

◆警察庁JAFIC「犯罪収益移転防止に関する年次報告書」
◆FATF勧告6（テロ等に対する金融制裁）

暴力団対策法

Anti-Boryokudan Act（Act on Prevention of Unjust Acts by Organized Crime Group Members）

　暴力団対策法（「暴力団員による不当な行為の防止等に関する法律（平成3年法律第77号）」）は暴力団員の反社会的行為による被害から国民を守るために制定されたものである。暴力団の定義は「その団体の構成員（その団体の構成団体の構成員を含む）が集団的に又は常習的に暴力的不法行為等を行うことを助長するおそれがある団体をいう」（第2条第2号）とされ、各都道府県の公安委員会が指定した暴力的不法行為を助長するおそれの大きい暴力団のみをその規制の対象としている（2020年6月現在、本法により指定された「指定暴力団」は24団体）。

◆警察庁令和2年警察白書
◆警察庁JAFIC「犯罪収益移転防止に関する年次報告書」

反社会的勢力

anti social forces

　「反社会的勢力」とは、2014年8月18日に出された「組織犯罪対策要綱」（警察庁次長通達）において、①暴力団、②暴力団員、③暴力団準構成員、④暴力団関係企業、⑤総会屋等、⑥社会運動等標ぼうゴロ、⑦特殊知能暴力集団等、とされ、暴力団対策法の対象よりも広く定義されている。

なお、事業者に対する反社会的勢力の排除を求める根拠規範は、「企業が反社会的勢力による被害を防止するための指針（2007年）」、各都道府県の「暴力団排除条例」があり、金融機関に対しては金融庁の監督指針がある。

　金融庁の監督指針では、2014年に反社会的勢力との関係遮断に向けた取組みを推進するために、①反社会的勢力との取引の未然防止（入口）、②事後チェックと内部管理（中間管理）、③反社会的勢力との取引解消（出口）に係る態勢について、金融機関に整備を求めている。

　他方、米国においては、2011年に国際組織犯罪に対する制裁措置として、財務省外国資産管理局（OFAC）により、日本のヤクザを含む4カ国の国際組織犯罪集団が資産凍結等の措置の対象に指定されている（2021年4月現在では、日本の暴力団のうち10団体および9個人が指定されている）。

　　　◆警察庁JAFIC「犯罪収益移転防止に関する年次報告書」
　　　◆金融庁「主要行等向けの総合的な監督指針」Ⅲ－3－1－4
　　　◆米国財務省（OFAC Sanctions Lists/SDN List）

預金取扱金融機関

deposit-taking institutions

　預金取扱金融機関とは、犯罪収益移転防止法第2条第2項第1号～第16号および第36号に掲げられた者（銀行、信用金庫等）をいう。

　その主な業務としては、固有業務である預金等の受入れ、資金の貸付、手形の割引および為替取引（内国為替・外国為替）のほか、これに付随する業務として、たとえば、資産運用に係る相談、保険商品の販売、クレジットカード業務、事業承継に係る提案、海外展開支援、ビジネスマッチング等があり、取引相手となる顧客も個人から大企業に至るまでさまざまである。

　預金取扱金融機関は、安全かつ確実な資金管理が可能な口座をはじめ、時間・場所を問わず、容易に資金の準備または保管ができる預金取引、迅速か

つ確実に遠隔地間や多数の者との間で資金を移動することができる為替取引、秘匿性を維持したうえで資産の安全な保管を可能とする貸金庫、換金性および運搬容易性に優れた手形・小切手等、さまざまな商品・サービスを提供している。

　一方で、これらの商品・サービスは、その特性から、マネー・ローンダリング等の有効な手段となりうるものであり、これらの悪用により、犯罪による収益の収受または隠匿がなされた事例があること等から、預金取扱金融機関が取り扱うこれらの商品・サービスは、マネー・ローンダリング等に悪用される危険性があると指摘されている（p111「資料1　金融機関等が巻き込まれたマネロン事案」参照）。

　◆国家公安委員会「犯罪収益移転危険度調査書」（2018年12月）第3　1－(1)

保険会社等

insurance companies etc.

　保険会社等とは、犯罪収益移転防止法第2条第2項第17号に掲げられた者（保険会社）、第18号に掲げられた者（外国保険会社等）、第19号に掲げられた者（少額短期保険業者）および第20号に掲げられた者（共済水産業協同組合連合会）をいう。

　その主な業務は、人の生死に関し一定額の保険金を支払うことを約し、または一定の偶然の事故によって生ずることのある損害をてん補することを約する保険の引受けである。もっとも、一口に保険商品といっても、その内容は多様であり、保険会社等は蓄財性を有する商品も提供している。蓄財性を有する商品は、将来の偶発的な事故に対する給付のみを対象とする商品と異なり、より確実な要件に係る給付、たとえば満期に係る給付を伴うもの等がある。このような商品は、契約満了前に中途解約を行った場合にも高い解約返戻金が支払われる場合が多い。

資金の給付・払戻しが行われる蓄財性の高い保険商品は、犯罪による収益を即時または繰延の資産とすることを可能とすることから、マネー・ローンダリング等の有効な手段となりうるものであり、実際、売春防止法違反に係る違法な収益を蓄財性の高い保険商品に充当していた事例があること等から、蓄財性の高い保険商品は、マネー・ローンダリング等に悪用される危険性があると指摘されている。

　◆国家公安委員会「犯罪収益移転危険度調査書」（2020年11月）第4　1−(2)

金融商品取引業者／商品先物取引業者等

financial instruments business operators, commodity derivatives business operators, etc.

　金融商品取引業者／商品先物取引業者等とは、犯罪収益移転防止法第2条第2項第21号に掲げられた者（金融商品取引業者）、第22号に掲げられた者（証券金融会社）、第23号に掲げられた者（特例業務届出者）および第32号に掲げられた者（商品先物取引業者）をいう。

　その主な業務は、株式や債券、投資信託等の金融商品に係る取引、または鉱物や農産物等に係る商品先物取引の取扱い等である。

　金融商品取引業者／商品先物取引業者等を通じて行われる投資の対象となる商品としては、さまざまなものが存在し、これらを通じて、犯罪による収益をさまざまな権利や商品に変換することができる。また、当該投資の対象となる商品のなかには、複雑なスキームを有し、投資に係る原資の追跡を著しく困難とするものも存在することから、金融商品取引業者／商品先物取引業者等を通じて行われる投資は、マネー・ローンダリング等の有効な手段となりうる。実際、詐欺や業務上横領によって得た犯罪による収益を株式や商品先物取引に投資していた事例があること等から、金融商品取引業者／商品先物取引業者等を通じて行われる投資は、犯罪による収益の移転に悪用され

る危険性があると指摘されている。

　◆国家公安委員会「犯罪収益移転危険度調査書」（2020年11月）第4　1-(3)

信託会社等

trust companies, etc.

　信託会社等とは、犯罪収益移転防止法第2条第2項第24号に掲げられた者（信託会社）、第25号に掲げられた者（自己信託会社）および信託兼営金融機関をいう。

　その主な業務は、信託業務として、金銭、有価証券、金銭債権、動産、不動産等の信託の引受けに係る業務が、信託併営業務として、不動産関連業務（売買仲介、鑑定等）、証券代行業務（株主名簿管理等）、相続関連業務（遺言執行、遺産整理等）等がある。

　信託は、委託者から受託者に財産権を移転させ、当該財産に登記等の制度がある場合にはその名義人も変更させるとともに、財産の属性および数ならびに財産権の性状を転換する機能を有している。さらに、信託の効力は、当事者間で信託契約を締結したり、自己信託をしたりするのみで発生させることができるため、マネー・ローンダリング等を企図する者は、信託を利用すれば、当該収益を自己から分離し、当該収益とのかかわりを隠匿することができる。このような特性から、信託は、マネー・ローンダリング等に悪用される危険性があると指摘されている。

　◆国家公安委員会「犯罪収益移転危険度調査書」（2020年11月）第4　1-(4)

貸金業者等

money lenders, etc.

　貸金業者等とは、犯罪収益移転防止法第2条第2項第28号に掲げられた者（貸金業者）および第29号に掲げられた者（短資業者）をいう。

　貸金業を営むためには、貸金業法に基づく都道府県知事（2以上の都道府県に営業所または事務所を設置して営業しようとする場合には、内閣総理大臣）の登録を受ける必要がある。

　その主な業務は、金銭の貸付または金銭の貸借の媒介であり、消費者や事業者の多様な資金需要に対して、利便性の高い融資商品の提供や迅速な審査等をもって対応することにより、その円滑な資金調達に寄与している。また、預金取扱金融機関等との提携を含めた自動契約受付機・現金自動設備（現金自動支払機および現金自動受払機）の普及やインターネットを通じた取引の拡大は、商品利用の利便性を高めている。

　貸金業者等による貸付は、犯罪による収益の追跡を困難にすることができること等から、マネー・ローンダリング等に悪用される危険性があると指摘されている。また、架空名義での融資詐欺を行い、その詐取金をあらかじめ開設していた架空名義口座に入金させる事例も認められ、犯罪収益を生み出すために悪用される危険性も指摘されている。

　◆国家公安委員会「犯罪収益移転危険度調査書」（2020年11月）第4　　1−(5)

資金移動業者

funds transfer service providers

　資金移動業者とは、犯罪収益移転防止法第2条第2項第30号に掲げられた者をいう。

　資金移動業を営むためには、資金決済法に基づき、内閣総理大臣の登録を

受ける必要がある。

　その主な業務は、為替取引の取扱いであり、インターネット等の普及により、安価で便利な送金サービスを提供している。

　資金移動サービスは、為替取引を業として行うという業務の特性、海外の多数の国へ送金が可能なサービスを提供する資金移動業者の存在等をふまえれば、マネー・ローンダリング等の有効な手段となりうる。実際、前提犯罪と無関係の第三者を利用したり、他人の身分証明書を利用して同人になりすますなどして海外に犯罪による収益を移転していた事例があること等から、資金移動サービスは、マネー・ローンダリング等に悪用される危険性があると指摘されている。

　　◆国家公安委員会「犯罪収益移転危険度調査書」（2020年11月）第4　1−⑹

暗号資産交換業者

crypt asset exchange service providers

　暗号資産交換業者とは、犯罪収益移転防止法第2条第2項第31号に掲げられた者をいう。

　暗号資産交換業を行うためには、資金決済法に基づく内閣総理大臣の登録を受ける必要がある。

　その主な業務は、暗号資産の売買もしくは他の暗号資産との交換、またはその媒介、取次もしくは代理のほか、これらの行為に関して、利用者の金銭また暗号資産の管理をすることである。

　暗号資産は、利用者の匿名性が高いという性質や、その移転が国際的な広がりをもち、迅速に行われるという性質を有するほか、暗号資産に対する規制が各国において異なることなどから、犯罪に悪用された場合には、当該犯罪による収益の追跡が困難となる。また、実際、その匿名性を悪用し、不正に取得した暗号資産を暗号資産交換業者を介して換金し、架空名義の口座に

振り込ませていた事例等があることもふまえれば、暗号資産は、マネー・ローンダリング等に悪用される危険性があると指摘されている。

　金融庁は、2017年以降、暗号資産交換業者に対する指導・監督を強化してきており、金融ガイドラインに基づくマネー・ローンダリング等の管理体制の構築・維持を求めるとともに、法令の遵守状況やリスク管理状況等について、報告徴求命令等によって実態を把握し、その結果等をもとにして、事業者ごとのリスクに応じた指導・監督等を実施している。

　なお、金融庁は、暗号資産交換業者等に対して

○複数回にわたる高額の暗号資産の売買にあたり、取引時確認および疑わしい取引の届出の要否の判断が行われていない

○取引時確認を十分に実施しないまま、暗号資産の交換サービスを提供している

○取引時確認を検証する体制を整備していないほか、職員向けの研修も行っていない

○指導したにもかかわらず、改善を要請した内容を十分に理解する者がいないため、是正が図られていない

等の理由により、業務停止命令や業務改善命令等の行政処分を行っている。

◆国家公安委員会「犯罪収益移転危険度調査書」（2020年11月）第4　1－(7)

両替業者

currency exchanging operators

　両替業者とは、犯罪収益移転防止法第2条第2項第37号に掲げられた者をいう。

　現在、外貨両替業を営む者は、預金取扱金融機関とそれ以外のものに大別される。後者の例としては、旅館業、旅行業、古物商等があげられる。

　両替業者は、邦人が海外への旅行や出張等の際に必要となる外貨を調達し

たり、本邦滞在中の外国人が円貨を調達したりするなどのために利用される。

　外貨両替は、犯罪による収益を外国に持ち出して使用する手段の一部になりうること、一般に現金（通貨）による取引で、流動性が高く、その保有や移転に保有者の情報が必ずしも伴わないこと等から、マネー・ローンダリング等の有効な手段となりうる。実際、海外で得た犯罪による収益である外貨を、情を知らない第三者を利用するなどして日本円に両替していた事例があること等から、外貨両替は、マネー・ローンダリング等に悪用される危険性があると指摘されている。

　両替業を営むことに対する法規制はないが、財務省は、その取引実態を把握する観点から月中取引の合計額が100万円相当額を超えた場合に財務大臣に報告させる義務を課している。

　　◆国家公安委員会「犯罪収益移転危険度調査書」（2020年11月）第4　1−(8)

ファイナンスリース事業者

financial leasing operators

　ファイナンスリース事業者とは、犯罪収益移転防止法第2条第2項第38号に掲げられた者をいう。

　その主な業務は、機械設備、自動車等の物品を調達しようとする企業等に対し、その指定する物品を、ファイナンスリース事業者がかわって販売者（サプライヤー）から購入し、当該企業等に賃貸する形態のサービスである。

　リースを受ける顧客にとっては自身が希望する機械や設備を利用でき、その代金をリース料として支払うことができる。

　ファイナンスリースは、賃借人と販売者が共謀して実態の伴わない取引を行うことが可能であること等の特性から、マネー・ローンダリング等に悪用される危険性があると指摘されている。

◆国家公安委員会「犯罪収益移転危険度調査書」(2020年11月) 第4 1 -⑼
◆警察庁JAFIC「犯罪収益移転防止法の概要」

クレジットカード事業者

credit card operators

クレジットカード事業者とは、犯罪収益移転防止法第2条第2項第39号に掲げられた者をいう。割賦販売法(昭和36年法律第159号)により、クレジットカード事業者が利用者から商品代金等に相当する額を購入から2カ月を超えて受領し、またはリボルビング方式により受領する包括信用購入あっせんを業として行うためには、経済産業大臣の登録を受ける必要がある。その主な業務は、クレジットカードの発行および付与、商品代金の立替払い、および立て替えた代金の回収である。

クレジットカードは、犯罪による収益を現金で取得した者がクレジットカードを利用して当該現金を別の形態の財産に変換できることから、犯罪による収益の追跡可能性を低下させるおそれがある。また、クレジットカード会員が、自己の保有するクレジットカードを第三者に交付し、またはそのクレジットカード番号等の情報を第三者に教えることにより、当該第三者に商品等を購入させることができるほか、国内外を問わず利用でき、一部には利用可能枠が高額なものもある。したがって、たとえば、第三者に換金性の高い商品等を購入させ、当該第三者が当該商品等を売却して現金を得ることにより、事実上の資金移動を国内外を問わず行うことが可能となる。

このように、クレジットカードは、これを利用することにより、現金で得られた犯罪による収益を別の形態の財産に換えることができること、クレジットカードを第三者に交付して商品等を購入させることにより事実上の資金移動が可能であること等から、マネー・ローンダリング等に悪用される危険性があると指摘されている。

◆国家公安委員会「犯罪収益移転危険度調査書」（2020年11月）第4　1－⑽
◆警察庁JAFIC「犯罪収益移転防止法の概要」
◆経産省「クレジットカード事業者における疑わしい取引の参考事例」

宅地建物取引業者

real estate brokers

　宅地建物取引業者とは、犯罪収益移転防止法第2条第2項第40号に掲げられた者をいう。

　その主な業務は、宅地もしくは建物の売買契約の締結またはその代理もしくは媒介である。

　不動産は、財産的価値が高く、多額の現金との交換を行うことができるほか、通常の価格に金額を上乗せして対価を支払うなどの方法により容易に犯罪による収益を移転することができることから、マネー・ローンダリング等の有効な手段となりうるものである。実際、売春や詐欺により得た収益が不動産の購入費用に充当されていた事例等が把握されていること等から、不動産は、マネー・ローンダリング等に悪用される危険性があり、近年では、資産の保全または投資を目的として不動産が購入される場合も多く、国内外の犯罪組織等が犯罪収益の形態を変換する目的で不動産取引を悪用する危険性もあると指摘されている。

◆国家公安委員会「犯罪収益移転危険度調査書」（2020年11月）第4　1－⑾
◆警察庁JAFIC「犯罪収益移転防止法の概要」

宝石・貴金属等取扱事業者

dealers in precious metals and stones

　宝石・貴金属等取扱事業者とは、犯罪収益移転防止法第2条第2項第41号に掲げられた者をいう。

　その主な業務は、宝石および貴金属等の売買および交換である。宝石および貴金属は、財産的価値が高く、世界的に流通しており、換金や運搬が容易であるとともに、取引後の流通経路・所在を追跡するための手段が少なく匿名性が高い。

　なかでも現金取引が中心の金地金については特に匿名性が強いことからマネー・ローンダリング等の有効な手段になる可能性が高い。実際、他人になりすますなどし、犯罪により得た現金で貴金属等を購入した事例があること等から、宝石および貴金属は、マネー・ローンダリング等に悪用される危険性があり、近年の金地金を取り巻く犯罪情勢等をふまえると、マネー・ローンダリング等に悪用される危険度は高まっているものと指摘されている。

　◆国家公安委員会「犯罪収益移転危険度調査書」（2020年11月）第4　1－⑿
　◆警察庁JAFIC「犯罪収益移転防止法の概要」

郵便物受取サービス業者

postal receiving service providers

　郵便物受取サービス業者とは、犯罪収益移転防止法第2条第2項第42号に掲げられた者をいう。

　その主要業務は、自己の居所または事務所の所在地を顧客が郵便局を受け取る場所として用いることを許諾し、当該顧客宛ての郵便物を受け取り、これを当該顧客に引き渡すことである。これを利用することにより、顧客は、実際には占有していない場所を自己の住所として外部に表示し、郵便物を受

け取ることが可能となる。

　郵便物受取サービスは、詐欺、違法物品の販売を伴う犯罪等において、犯罪による収益の送付先として悪用されている実態がある。本人特定事項を偽り当該サービスの役務提供契約を締結することにより、マネー・ローンダリング等の主体や犯罪による収益の帰属先を不透明にすることが可能となるため、郵便物受取サービスはマネー・ローンダリング等の有効な手段となりうる。実際、架空名義で契約した郵便物受取サービス業者宛てに犯罪による収益を送付させ、これを隠匿した事例があること等から、郵便物受取サービスは、マネー・ローンダリング等に悪用される危険性があると指摘されている。

◆国家公安委員会「犯罪収益移転危険度調査書」(2020年11月) 第4　1－(13)
◆警察庁JAFIC「犯罪収益移転防止法の概要」

電話受付代行業者

telephone receiving service providers

　電話受付代行業者とは、犯罪収益移転防止法第2条第2項第42号に掲げられた者をいう。

　その主な業務は、自己の電話番号を顧客が連絡先の電話番号として用いることを許諾し、当該顧客宛ての当該電話番号に係る電話を受けて、その内容を当該顧客に連絡することである。これを利用することにより、顧客は、自宅や事務所の実際の電話番号とは別の電話番号を自己の電話番号として外部に表示し、連絡を受けることが可能となる。

　電話受付代行は、顧客が事業に関して架空の外観を作出してマネー・ローンダリング等の主体や犯罪による収益の帰属先を不透明にすることを可能とするなどの特性から、マネー・ローンダリング等に悪用される危険性があると指摘されている。

◆国家公安委員会「犯罪収益移転危険度調査書」（2020年11月）第4　1－⑭
◆警察庁JAFIC「犯罪収益移転防止法の概要」

電話転送サービス事業者

telephone forwarding service providers

　電話転送サービス事業者とは、犯罪収益移転防止法第2条第2項第42号に掲げられた者をいう。

　その主な業務は、自己の電話番号を顧客が連絡先の電話番号として用いることを許諾し、当該顧客宛てのまたは当該顧客からの当該電話番号に係る電話を当該顧客が指定する電話番号に自動的に転送することである。顧客は、自宅や事務所の実際の電話番号とは別の電話番号を自己の電話番号として外部に表示し、連絡を受けることが可能となる。

　電話転送サービスは、顧客が事業に関して架空の外観を作出してマネー・ローンダリング等の主体や犯罪による収益の帰属先を不透明にすることを可能とするなど、マネー・ローンダリング等に悪用される危険性があると指摘されている。

◆国家公安委員会「犯罪収益移転危険度調査書」（2020年11月）第4　1－⑮
◆警察庁JAFIC「犯罪収益移転防止法の概要」

法律・会計専門家

legal／accounting professions

　法律・会計専門家とは、犯罪収益移転防止法第2条第2項第43号に掲げられた者（弁護士および弁護士法人）、第44号に掲げられた者（司法書士および司法書士法人）、第45号に掲げられた者（行政書士および行政書士法人）、第46号

に掲げられた者（公認会計士および監査法人）および第47号に掲げられた者（税理士および税理士法人）をいう。

　弁護士は、日本弁護士連合会に備えられた弁護士名簿に登録されなければならず、地方裁判所の管轄区域ごとに設立された弁護士会に所属しなければならない。その主な業務は、当事者その他関係人の依頼等によって、法律事務を行うことである。

　司法書士は、日本司法書士会連合会に備える司法書士名簿に登録されなければならない。その主な業務は、他人の依頼を受けて、登記に関する手続について代理し、またはこれに関する相談に応ずることや、簡裁訴訟代理等関係業務である。

　行政書士は、日本行政書士会連合会に備える行政書士名簿に登録されなければならない。その主な業務は、他人の依頼を受けて官公署に提出する書類その他権利義務または事実証明に関する書類を作成することのほか、書類を官公署に提出する手続について代理すること等である。

　公認会計士は、日本公認会計士協会に備える公認会計士名簿および外国公認会計士名簿に登録されなければならない。その主な業務は、財務書類の監査または証明をすることのほか、公認会計士の名称を用いて、財務書類を作成し、財務に関する調査もしくは立案を行い、または財務に関する相談に応ずることである。

　税理士は、日本税理士会連合会に備える税理士名簿に登録されなければならない。その主な業務は、税務官公署に対する租税に関する法令等に基づく申告、申請、請求、届出、報告、申立て等につき、代理・代行すること、税務書類の作成および税務相談のほか、これらに付随して、財務書類の作成、会計帳簿の記帳の代行その他財務に関する事務を業として行うことである。

　法律・会計専門家は、法律、会計等に関する高度の専門的知識を活かし、さまざまな取引行為に関与するとともに、高い社会的信用を得ている。一方で、犯罪による収益の移転を企図する者にとって、法律・会計専門家は、その目的にかなった財産の管理または処分を行ううえで必要な法律・会計上の

専門的知識を有するとともに、その社会的信用が高いため、法律・会計専門家を取引や財産の管理に介在させることにより、これに正当性があるかのように見せかけることが可能である。

　また、FATF等は、銀行等に対するマネロン・テロ資金供与規制が実効をあげるのに伴い、犯罪者等は、銀行等を通じた不正送金にかえて、法律・会計専門家から専門的な助言を得、または社会的信用のある法律・会計専門家を取引行為に介在させるなどし、マネー・ローンダリング等を敢行するようになってきたことを指摘している。

　法律・会計専門家は、法律、会計等に関する高度な専門的知識を有するとともに、社会的信用が高いことから、その職務や関連する事務を通じた取引等はマネー・ローンダリング等の有効な手段となりうる。実際、犯罪による収益の隠匿行為等を正当な取引であると仮装するために、法律・会計関係サービスを利用していた事例があること等から、法律・会計専門家が、不動産売買、会社等の設立・合併等、現預金・有価証券等の財産管理・処分、その他の行為の代理または代行を行うにあたっては、マネー・ローンダリング等に悪用される危険性があると指摘されている。

　　◆国家公安委員会「犯罪収益移転危険度調査書」（2020年11月）第4　1－⒃
　　◆警察庁JAFIC「犯罪収益移転防止法の概要」

NPO（非営利団体）

non-profit organizations（NPOs）

　慈善、宗教、文化、教育、社会もしくは共済目的のため、または他の慈善行為を実施するために資金を調達し、支出する法人、法的取極め、もしくは法的組織である非営利団体をいう。

　FATFは、NPOが、①テロリスト団体の資金調達、②資産凍結措置を免れる目的を含む、テロ資金供与の受け皿、③慈善活動等の合法的な目的から

テロ目的に流用するなどのかたちで悪用されやすいとし、加盟国に対し、自国のNPOのリスク評価や監督を求めている（勧告8）。

　国家公安委員会の犯罪収益移転危険度調査書も平成30年版（2018年版）で非営利団体の脆弱性を初めて取り上げているが、「全ての非営利団体が本質的に危険度が高いわけではなく、活動の性質や範囲等によって危険度は異なる」と記している。

　なお、日本において、FATFの定義に相当するNPOは、特定非営利活動法人、公益法人、学校法人、宗教法人、医療法人および社会福祉法人である。

　　◆FATF勧告8（非営利団体）
　　◆国家公安委員会「犯罪収益移転危険度調査書」（2020年11月）第5　3－⑵

金融機関等が巻き込まれた
マネロン事案

マネー・ローンダリングやテロ資金供与の手口は巧妙です。金融機関の職員が、申込みを受けている目の前の取引には、違法・不当な意図が隠され、あたかも正常・正当な取引であるかのように仮装されたものであると見破ることは、容易ではありません。

しかし、これまで検挙されたマネロン事例をみると、取引回数・金額、取引態様などには特徴があることがわかります。

警察庁の犯罪収益移転防止対策室（JAFIC）が毎年公表している「犯罪収益移転防止に関する年次報告書」や金融庁が公表している「疑わしい取引の参考事例」などからそれらの特徴を学ぶとともに、それらから得た知識を具体的な事例に当てはめ、「何がどのように怪しいか」を自分で考え、日頃からリスク感性を磨いておくことが大切です。

以下、JAFICの年次報告書等に記載されている、金融機関等が巻き込まれた代表的なマネロン事案の手口を紹介します。

暴力団組織とナイジェリア人犯罪組織による国際的な多額詐欺事件に係る犯罪収益等隠匿等【2013年JAFIC年次報告書より】

ナイジェリア人犯罪組織が、米国等において、偽造小切手等を用いた詐欺行為を行い、日本の暴力団組織が管理する暴力団組員の口座にだまし取った被害金を振り込ませていた。当該暴力団組員は、当該口座から払戻手続をするにあたり、商品の買付代金等と記載された虚偽の取引明細書を提出するなどして、被害金を正当な事業収益であるかのように装っていたことから、警視庁と新潟県警は暴力団組員および海外送金役のナイジェリア人を組織的犯罪処罰法違反（犯罪収益等隠匿）等で検挙した。

ナイジェリア人犯罪組織がだまし取った金は、暴力団組織を通じて日本国内に居住する海外送金役のナイジェリア人に渡り、当該ナイジェリア人が、日本国内に開設した口座から海外銀行の口座に送金するなどの方法により、合計45回、総額約6億円を日本国内からナイジェリア国内へ送金していた。

不正アクセスによる被害金の送金に係る犯罪収益移転防止法違反（為替取引カード等の有償譲渡）事件【2014年JAFIC年次報告書より】

　日本に居住するフィリピン国籍の男（以下「被疑者」）が、在日外国人向けの求人サイトに登録し、電子メールで雇用を勧誘してきた英国のコンサルタント会社を名乗る者らとの間で、送金業務等を内容とする雇用契約を締結、その後同社の社員を名乗る者の指示を受けて、被疑者の預金口座に送金された、インターネットバンキングに対する不正アクセスにより詐取した被害金38万円を、日本国内の資金移動業者を介してロシア連邦内の個人宛てに送金し、その送金番号等を、同社の社員を名乗る者に電子メールで提供していたことから、愛知県警により犯罪収益移転防止法違反（為替取引カード等の有償譲渡）で検挙された。

　なお、被疑者が送金した被害金は、送金当日にロシア連邦内で引き出されていた。

商品買取を仮装した出資法等違反事件に係る犯罪収益等隠匿【2014年JAFIC年次報告書より】

　ヤミ金融業者の男が、違法な金銭貸付を正当な取引に仮装するため、商品販売、古物商、商品卸を仮装する会社を実質的に経営し、金銭の借入れを申し込んだ者（以下「借受人」）との間で、以下の一連の取引を実行した。

・借受人が商品販売会社から商品を購入後、古物商が当該商品を販売価格よりも安い価額で買い取り、古物商の会社の口座から借受人の口座に買取価額を振込み（実質的な貸付実行）。

・借受人が割賦販売代金の支払として商品販売会社の名義の口座に振込み。この割賦販売代金と古物商が先に買取価額として振り込んだ金額の差額が、実質的な利息となる。

・商品卸売会社と商品販売会社との間で、架空の商品の発注書および請求書を作成し、借受人から商品販売会社の名義の口座に振り込まれた割賦代金合計約

4,940万円を、商品販売会社から商品卸売会社への商品の代金支払を仮装して、男が管理する商品卸売会社名義の口座に振込入金（実質的な返済）した。

ナイジェリア人らによる国際的な多額詐欺事件に係る犯罪収益等隠匿等【2015年JAFIC年次報告書より】

ナイジェリア人の男および日本人の女が、商取引に係る偽りのメールを信じた被害者がシンガポール等から日本国内の銀行のナイジェリア人名義の口座に送金した詐欺の被害金を当該口座から払い戻すにあたり、銀行担当者に対して、通常の商取引による送金であるなどと虚偽の説明をして、被害金を正当な事業収益であるかのように装ったことから、新潟県警と埼玉県警により組織的犯罪処罰法違反（犯罪収益等隠匿）で検挙された。

同ナイジェリア人の男がもつ複数の口座には、数年前から米国等海外から計51回約3億円の送金があり、同人らが払い戻した金は、当該日本人等の口座に入金されたり、海外の口座へ送金されていた。

日本人による国際的な多額詐欺事件に係る犯罪収益等隠匿等【2016年JAFIC年次報告書より】

日本人の男らが、商取引に係る偽りのメールを信じた被害者が米国から日本国内の銀行の日本人名義の口座に送金した詐欺の被害金を当該口座から払い戻すにあたり、銀行担当者に対して、通常の商取引による送金であるなどと虚偽の説明をして、被害金を正当な事業収益であるかのように装ったことから、愛知県警は同人らを組織的犯罪処罰法違反（犯罪収益等隠匿）および詐欺で検挙した。

日本人の男らがもつ複数の口座には、数年前から海外からの送金が計約9億5,000万円あった。

大手行を避け、小規模金融機関で不審な送金が行われた事例
【金融庁「マネー・ローンダリング及びテロ資金供与対策の現状と課題」（2018年8月）より】

　違法な販売等を行ったとして行政処分を受けた事業者（法人Ａ）が、処分等を端緒に、大手行等においては口座解約や厳格な取引時確認を受けることとなり、当該販売等から得た利益の移転がむずかしくなった。

　こうしたなか、法人Ａの役員Ｘが代表取締役である関連会社（法人Ｂ）が、これまで法人Ａや役員Ｘとは取引がなかった信用組合Ａに法人Ｂ名義の口座を開設し、法人Ａの販売等に係る資金（億円単位）を当該信用組合の法人口座Ｂを経由して、インターネットバンキング取引により、振り込まれた資金を即日、他の大手銀行個人口座に送金していた。

不自然な送金が実行された事例
【金融庁「マネー・ローンダリング及びテロ資金供与対策の現状と課題」（2018年8月）より】

　顧客がこれまで個人取引を行っていた支店や他の支店に、複数回にわたって現金を持参し、そのつど、口座への入金および海外への送金を依頼、送金目的について、資料を提示しながら海外法人への貸付と目的を説明していた。

　多額の現金を持参して、口座に入金、全額を貸付金の名目で海外に送金するという、当該顧客にとって、これまでにない不自然な取引形態であったにもかかわらず、送金目的の合理性や送金先企業の実態・代表者の属性、資金源等、送金のリスクについて実質的に検証が行われないまま、複数回の高額送金が看過された。

金融サービスがマネー・ローンダリング等に悪用されたその他の事例【犯罪収益移転危険度調査書（2018年12月）より】

　預貯金口座がマネー・ローンダリングに悪用された事例として、本国に帰国した外国人や死者の口座について、解約手続等の措置をとることなく利用し、詐欺

や窃盗等の犯罪による収益を収受または隠匿した事例や、金銭の対価を得る目的で売却された口座、架空名義で開設した口座、不正に開設された営業実態のない会社名義の口座等を利用し、犯罪による収益を収受または隠匿した事例などもある。

資料 2

金融庁マネー・ローンダリング及びテロ資金供与対策ガイドライン（2021年2月19日改正）で対応が求められる事項等の抜粋

金融庁マネー・ローンダリング及びテロ資金供与対策に関するガイドライン（2021年2月19日改正）

―対応が求められる事項、期待される事項、先進的な取組み事例の抜粋―

Ⅱ　リスクベース・アプローチ	
Ⅱ－2　リスクの特定・評価・低減	
（1）　リスクの特定	**【対応が求められる事項】** ①　国によるリスク評価の結果等を勘案しながら、自らが提供している商品・サービスや、取引形態、取引に係る国・地域、顧客の属性等のリスクを包括的かつ具体的に検証し、自らが直面するマネロン・テロ資金供与リスクを特定すること ②　包括的かつ具体的な検証に当たっては、自らの営業地域の地理的特性や、事業環境・経営戦略のあり方等、自らの個別具体的な特性を考慮すること ③　取引に係る国・地域について検証を行うに当たっては、FATFや内外の当局等から指摘を受けている国・地域も含め、包括的に、直接・間接の取引可能性を検証し、リスクを把握すること ④　新たな商品・サービスを取り扱う場合や、新たな技術を活用して行う取引その他の新たな態様による取引を行う場合には、当該商品・サービス等の提供前に当該商品・サービスの検証、及びその提供に係る提携先、連携先、委託先、買収先等のリスク管理態勢の有効性も含めマネロン・テロ資金供与リスクを検証すること ⑤　マネロン・テロ資金供与リスクについて、経営陣が、主導性を発揮して関係する全ての部門の連携・協働を確保した上で、リスクの包括的かつ具体的な検証を行うこと **【対応が期待される事項】** a　自らの事業環境・経営戦略等の複雑性も踏まえて、商品・サービス、取引形態、国・地域、顧客の属性等に関し、リスクの把握の鍵となる主要な指標を特定し、当該指標についての定量的な分析を行うことで、

	自らにとって重要なリスクの高低及びその変化を適時・適切に把握すること
(2) リスクの評価	**【対応が求められる事項】** ① リスク評価の全社的方針や具体的手法を確立し、当該方針や手法に則って、具体的かつ客観的な根拠に基づき、前記「(1)リスクの特定」において特定されたマネロン・テロ資金供与リスクについて、評価を実施すること ② 上記①の評価を行うに当たっては、疑わしい取引の届出の状況等の分析等を考慮すること ③ 疑わしい取引の届け出の状況等の分析に当たっては、届出件数等の定量情報について、部門・拠点・届出要因・検知シナリオ別等に行うなど、リスクの評価に活用すること ④ リスク評価の結果を文書化し、これを踏まえてリスク低減に必要な措置等を検討すること ⑤ 定期的にリスク評価を見直すほか、マネロン・テロ資金供与対策に重大な影響を及ばし得る新たな事象の発生等に際し、必要に応じ、リスク評価を見直すこと ⑥ リスク評価の過程に経営陣が関与し、リスク評価の結果を経営陣が承認すること **【対応が期待される事項】** a 自らが提供している商品・サービスや、取引形態、取引に係る国・地域、顧客属性等が多岐にわたる場合に、これらに係るリスクを細分化し、当該細分類ごとにリスク評価を行うとともに、これらを組み合わせて再評価を行うなどして、全社的リスク評価の結果を「見える化」し（リスク・マップ）、これを機動的に見直すこと
(3) リスクの低減 (i) リスク低減措置の意義	**【対応が求められる事項】** ① 自らが特定・評価したリスクを前提に、個々の顧客・取引の内容等を調査し、この結果を当該リスクの評価結果と照らして、講ずべき実効的な低減措置を判断・実施すること ② 個々の顧客やその行う取引のリスクの大きさに応じて、自らの方針・手続・計画等に従い、マネロン・テ

	ロ資金供与リスクが高い場合にはより厳格な低減措置を講ずること ③ 本ガイドライン記載事項のほか、業界団体等を通じて共有される事例や内外の当局等からの情報等を参照しつつ、自らの直面するリスクに見合った低減措置を講ずること
(ⅱ) 顧客管理（カスタマー・デュー・ディリジェンス：CDD）	**【対応が求められる事項】** ① 自らが行ったリスクの特定・評価に基づいて、リスクが高いと思われる顧客・取引とそれへの対応を類型的・具体的に判断することができるよう、顧客の受入れに関する方針を定めること ② 前記①の顧客の受入れに関する方針の策定に当たっては、顧客及びその実質的支配者の職業・事業内容のほか、例えば、経歴、資産・収入の状況や資金源、居住国等、顧客が利用する商品・サービス、取引形態等、顧客に関する様々な情報を勘案すること ③ 顧客及びその実質的支配者の本人特定事項を含む本人確認事項、取引目的等の調査に当たっては、信頼に足る証跡を求めてこれを行うこと ④ 顧客及びその実質的支配者の氏名と関係当局による制裁リスト等とを照合するなど、国内外の制裁に係る法規制等の遵守その他リスクに応じて必要な措置を講ずること ⑤ 信頼性の高いデータベースやシステムを導入するなど、金融機関等の規模や特性等に応じた合理的な方法により、リスクが高い顧客を的確に検知する枠組みを構築すること ⑥ 商品・サービス、取引形態、国・地域、顧客属性等に対する自らのマネロン・テロ資金供与リスクの評価の結果（Ⅱ－2(2)で行うリスク評価）を踏まえて、全ての顧客について顧客リスク評価を行うとともに、講ずべき低減措置を顧客リスク評価に応じて判断すること ⑦ マネロン・テロ資金供与リスクが高いと判断した顧客については、以下を含むリスクに応じた厳格な顧客管理（EDD）を実施すること

イ 資産・収入の状況、取引の目的、職業・地位、資金源等について、リスクに応じ追加的な情報を入手すること

ロ 当該顧客との取引の実施等につき、上級管理職の承認を得ること

ハ リスクに応じて、当該顧客が行う取引に係る敷居値の厳格化等の取引モニタリングの強化や、定期的な顧客情報の調査頻度の増加等を図ること

ニ 当該顧客と属性等が類似する他の顧客につき、顧客リスク評価の厳格化等が必要でないか検討すること

⑧ 顧客の営業内容、所在地等が取引目的、取引態様等に照らして合理的ではないなどのリスクが高い取引等について、取引開始前又は多額の取引等に際し、営業実態や所在地等を把握するなど追加的な措置を講ずること

⑨ マネロン・テロ資金供与リスクが低いと判断した顧客については、当該リスクの特性を踏まえながら、当該顧客が行う取引のモニタリングに係る敷居値を上げたり、顧客情報の調査範囲・手法・更新頻度等を異にしたりするなどのリスクに応じた簡素な顧客管理（SDD）を行うなど、円滑な取引の実行に配慮すること（注1）（注2）

（注1） この場合にあっても、金融機関等が我が国及び当該取引に適用される国・地域の法規制等を遵守することは、もとより当然である。

（注2） FATF、BCBS等においては、少額・日常的な個人取引を、厳格な顧客管理を要しない取引の一例として挙げている。

⑩ 後記「(ⅴ)疑わしい取引の届出」における【対応が求められる事項】のほか、以下を含む、継続的な顧客管理を実施すること

イ．取引類型や顧客属性等に着目し、これらに係る自らのリスク評価や取引モニタリングの結果も踏まえながら、調査の対象及び頻度を含む継続的な顧客管理の方針を決定し、実施すること

	ロ．各顧客に実施されている調査の範囲・手法等が、当該顧客の取引実態や取引モニタリングの結果等に照らして適切か、継続的に検討すること
	ハ．調査の過程での照会や調査結果を適切に管理し、関係する役職員と共有すること
	ニ．各顧客のリスクが高まったと想定される具体的な事象が発生した場合等の機動的な顧客情報の確認に加え、定期的な確認に関しても、確認の頻度を顧客のリスクに応じて異にすること
	ホ．継続的な顧客管理により確認した顧客情報等を踏まえ、顧客のリスク評価を見直し、リスクに応じたリスク低減措置を講じること。特に、取引モニタリングにおいては、継続的な顧客管理を踏まえて見直した顧客リスク評価を適切に反映すること
	⑪ 必要とされる情報の提供を利用者から受けられないなど、自らが定める適切な顧客管理を実施できないと判断した顧客・取引等については、取引の謝絶を行うこと等を含め、リスク遮断を図ることを検討すること その際、マネロン・テロ資金供与対策の名目で合理的な理由なく謝絶等を行わないこと
	【対応が期待される事項】
	a 団体の顧客についてのリスク評価に当たっては、当該団体のみならず、当該団体が形成しているグループも含め、グループ全体としてのマネロン・テロ資金供与リスクを勘案すること
	【先進的な取組み事例】
	外国PEPsについて、外国PEPsに該当する旨、その地位・職務、離職している場合の離職後の経過期間、取引目的等について顧客に照会し、その結果や居住地域等を踏まえて、よりきめ細かい継続的顧客管理を実施している事例。
(ⅲ) 取引モニタリング・フィルタリング	**【対応が求められる事項】**
	① 疑わしい取引の届出につながる取引等について、リスクに応じて検知するため、以下を含む、取引モニタリングに関する適切な体制を構築し、整備すること
	イ 自らのリスク評価を反映したシナリオ・敷居値等

	の抽出基準を設定すること
	ロ　上記イの基準に基づく検知結果や疑わしい取引の届出状況等を踏まえ、届出をした取引の特徴（業種・地域等）や現行の抽出基準（シナリオ・敷居値等）の有効性を分析し、シナリオ・敷居値等の抽出基準について改善を図ること
	②　制裁対象取引について、リスクに応じて検知するため、以下を含む、取引フィルタリングに関する適切な体制を構築し、整備すること
	イ　取引の内容（送金先、取引関係者（その実質的支配者を含む）、輸出入品目等）について照合対象となる制裁リストが最新のものとなっているか、及び制裁対象の検知基準がリスクに応じた適切な設定となっているかを検証するなど、的確な運用を図ること
	ロ　国際連合安全保障理事会決議等で経済制裁対象者等が指定された際には、遅滞なく照合するなど、国内外の制裁に係る法規制等の遵守その他リスクに応じた必要な措置を講ずること
(ⅳ)　記録の保存	【対応が求められる事項】 ①　本人確認資料等の証跡のほか、顧客との取引・照会等の記録等、適切なマネロン・テロ資金供与対策の実施に必要な記録を保存すること
(ⅴ)　疑わしい取引の届出	【対応が求められる事項】 ①　顧客の属性、取引時の状況その他金融機関等の保有している具体的な情報を総合的に勘案した上で、疑わしい取引の該当性について適切な検討・判断が行われる態勢を整備し、法律に基づく義務を履行するほか、届出の状況等を自らのリスク管理態勢の強化にも必要に応じ活用すること ②　金融機関等の業務内容に応じて、ITシステムや、マニュアル等も活用しながら、疑わしい顧客や取引等を的確に検知・監視・分析する態勢を構築すること ③　疑わしい取引の該当性について、国によるリスク評価の結果のほか、疑わしい取引の参考事例、自らの過去の疑わしい取引の届け出事例等も踏まえつつ、外国

	PEPs該当性、顧客属性、当該顧客が行っている事業、顧客属性・事業に照らした取引金額・回数等の取引態様、取引に係る国・地域その他の事情を考慮すること
	④　既存顧客との継続取引や一見取引等の取引区分に応じて、疑わしい取引の該当性の確認・判断を適切に行うこと
	⑤　疑わしい取引に該当すると判断した場合には、疑わしい取引の届出を直ちに行う態勢を構築すること
	⑥　実際に疑わしい取引の届出を行った取引についてリスク低減措置の実効性を検証し、必要に応じて同種の類型に適用される低減措置を見直すこと
	⑦　疑わしい取引を契機にリスクが高いと判断した顧客について、顧客リスク評価を見直すとともに、当該リスク評価に見合った低減措置を適切に実施すること
(vi)　ITシステムの活用	【対応が求められる事項】
	①　自らの業務規模・特性等に応じたITシステムの早期導入の必要性を検討し、システム対応については、後記②から⑤の事項を実施すること
	②　経営陣は、マネロン・テロ資金供与のリスク管理に係る業務負担を分析し、より効率的効果的かつ迅速に行うために、ITシステムの活用の可能性を検討すること
	③　マネロン・テロ資金供与対策に係るITシステムの導入に当たっては、ITシステムの設計・運用等が、マネロン・テロ資金供与リスクの動向に的確に対応し、自らが行うリスク管理に見合ったものとなっているか検証するとともに、導入後も定期的に検証し、検証結果を踏まえて必要に応じ改善を図ること
	④　内部・外部監査等の独立した検証プロセスを通じ、ITシステムの有効性を検証すること
	⑤　外部委託する場合や共同システムを利用する場合であっても、自らの取引の特徴やそれに伴うリスク等について分析を行い、必要に応じ、独自の追加的対応の検討等を行うこと
	【先進的な取組み事例】
	顧客リスク評価を担当する部門内に、データ分析の専

	門的知見を有する者を配置し、個々の顧客情報や取引情報をリアルタイムに反映している事例。
(vii) データ管理（データ・ガバナンス）	【対応が求められる事項】 ① 確認記録・取引記録等について正確に記録するほか、ITシステムを有効に活用する前提として、データを正確に把握・蓄積し、分析可能な形で整理するなど、データの適切な管理を行うこと ② ITシステムに用いられる顧客情報、確認記録・取引記録等のデータについては、網羅性・正確性の観点で適切なデータが活用されているかを定期的に検証すること ③ 確認記録・取引記録のほか、リスクの評価や低減措置の実効性の検証等に用いることが可能な、以下を含む情報を把握・蓄積し、これらを分析可能な形で整理するなど適切な管理を行い、必要に応じて当局等に提出できる態勢としておくこと 　イ 疑わしい取引の届出件数（国・地域別、顧客属性別等の内訳） 　ロ 内部監査や研修等（関係する資格の取得状況を含む）の実施状況 　ハ マネロン・テロ資金供与リスク管理についての経営陣への報告や、必要に応じた経営陣の議論の状況
(4) 海外送金等を行う場合の留意点 (i) 海外送金等	【対応が求められる事項】 ① 海外送金等をマネロン・テロ資金供与対策におけるリスクベース・アプローチの枠組みの下で位置付け、リスクベース・アプローチに基づく必要な措置を講ずること ② 海外送金等のリスクを送金先等の金融機関等が認識できるよう、仕向・中継金融機関等が、送金人及び受取人の情報を国際的な標準も踏まえて中継・被仕向金融機関等に伝達し、当該金融機関等は、こうした情報が欠落している場合等にリスクに応じた措置を講ずることを検討すること ③ 自ら海外送金等を行うためにコルレス契約を締結する場合には、犯収法第9条、第11条及び同法施行規則第28条、第32条に掲げる措置を実施するほか、コルレ

ス先におけるマネロン・テロ資金供与リスク管理態勢を確認するための態勢を整備し、定期的に監視すること

④　コルレス先や委託元金融機関等について、所在する国・地域、顧客属性、業務内容、マネロン・テロ資金供与リスク管理態勢、現地当局の監督のスタンス等を踏まえた上でリスク評価を行うこと

コルレス先や委託元金融機関等のリスクが高まったと想定される具体的な事象が発生した場合には、コルレス先や委託元金融機関等を監視して確認した情報等を踏まえ、リスク評価を見直すこと

⑤　コルレス先や委託元金融機関等の監視に当たって、上記④のリスク評価等において、特にリスクが高いと判断した場合には、必要に応じて、コルレス先や委託元金融機関等をモニタリングし、マネロン・テロ資金供与リスク管理態勢の実態を確認すること

⑥　コルレス先が架空銀行であった場合又はコルレス先がその保有する口座を架空銀行に利用されることを許容していた場合、当該コルレス先との契約の締結・維持をしないこと

⑦　他の金融機関等による海外送金等を受託等している金融機関等においては、当該他の金融機関等による海外送金等に係る管理手法等をはじめとするマネロン・テロ資金供与リスク管理態勢等を監視すること

⑧　送金人及び受取人が自らの直接の顧客でない場合であっても、制裁リスト等との照合のみならず、コルレス先や委託元金融機関等と連携しながら、リスクに応じた厳格な顧客管理を行うことを必要に応じて検討すること

⑨　他の金融機関等に海外送金等を委託等する場合においても、当該海外送金等を自らのマネロン・テロ資金供与対策におけるリスクベース・アプローチの枠組みの下で位置付け、リスクの特定・評価・低減の措置を着実に実行すること

【先進的な取組み事例】

コルレス先管理について、コルレス先へ訪問してマネロン・テロ資金供与リスク管理態勢をヒアリングするほ

	か、場合によっては現地当局を往訪するなどの方法も含め、書面による調査に加えて、実地調査等を通じたより詳細な実態把握を行い、この結果を踏まえ、精緻なコルレス先のリスク評価を実施し、コルレス先管理の実効性の向上を図っている事例。
(ⅱ) 輸出入取引等に係る資金の融通及び信用の供与等	**【対応が求められる事項】** ① 輸出入取引等に係る資金の融通及び信用の供与等に係るリスクの特定・評価に当たっては、輸出入取引に係る国・地域のリスクのみならず、取引等の対象となる商品、契約内容、輸送経路、利用する船舶等、取引関係者等（実質的支配者を含む）のリスクも勘案すること **【対応が期待される事項】** a 取引対象となる商品の類型ごとにリスクの把握の鍵となる主要な指標等を整理することや、取扱いを制限する商品及び顧客の属性をリスト化することを通じて、リスクが高い取引を的確に検知すること b 商品の価格が市場価格に照らして差異がないか確認し、根拠なく差異が生じている場合には、追加的な情報を入手するなど、更なる実態把握等を実施すること c 書類受付時に通常とは異なる取引パターンであることが確認された場合、書類受付時と取引実行時に一定の時差がある場合あるいは書類受付時から取引実行時までの間に貿易書類等が修正された場合には、書類受付時のみならず、修正時及び取引実行時に、制裁リスト等と改めて照合すること d 輸出入取引等に係る資金の融通及び信用の供与等の管理のために、ITシステム・データベースの導入の必要性について、当該金融機関が、この分野において有しているリスクに応じて検討すること
(5) FinTech等の活用	**【対応が期待される事項】** a 新技術の有効性を積極的に検討し、他の金融機関等の動向や、新技術導入に係る課題の有無等も踏まえながら、マネロン・テロ資金供与対策の高度化や効率化の観点から、こうした新技術を活用する余地がないか、その有効性も含めて必要に応じ、検討を行うこと

Ⅲ　管理態勢とその有効性の検証・見直し

Ⅲ－1　マネロン・テロ資金供与対策に係る方針・手続・計画等の策定・実施・ 　　　検証・見直し（PDCA）

【対応が求められる事項】

①　自らの業務分野・営業地域やマネロン・テロ資金供与に関する動向等を踏まえたリスクを勘案し、マネロン・テロ資金供与対策に係る方針・手続・計画等を策定し、顧客の受入れに関する方針、顧客管理、記録保存等の具体的な手法等について、全社的に整合的な形で、これを適用すること

②　リスクの特定・評価・低減のための方針・手続・計画等が実効的なものとなっているか、各部門・営業店等への監視等も踏まえつつ、不断に検証を行うこと

③　リスク低減措置を講じてもなお残存するリスクを評価し、当該リスクの許容度や金融機関等への影響に応じて、取扱いの有無を含めたリスク低減措置の改善や更なる措置の実施の必要性につき検討すること

④　管理部門及び内部監査部門において、例えば、内部情報、内部通報、職員からの質疑等の情報も踏まえて、リスク管理態勢の実効性の検証を行うこと

⑤　前記実効性の検証の結果、更なる改善の余地が認められる場合には、リスクの特定・評価・低減のための手法自体も含めた方針・手続・計画等や管理態勢等についても必要に応じ見直しを行うこと

【対応が期待される事項】

a　マネロン・テロ資金供与対策を実施するために、自らの規模・特性・業容等を踏まえ、必要に応じ、所管する専担部室を設置すること

b　同様に、必要に応じ、外部専門家等によるレビューを受けること

c　マネロン・テロ資金供与リスク管理態勢の見直しや検証等について外部専門家等のレビューを受ける際には、検証項目に照らして、外部専門家等の適切性や能力について、外部専門家等を採用する前に、経営陣に報告しその承認を得ること

　また、必要に応じ、外部専門家等の適切性や能力に

	ついて、内部監査部門が事後検証を行うこと
Ⅲ－2　経営陣の関与・理解	
	【対応が求められる事項】 ①　マネロン・テロ資金供与対策を経営戦略等における重要な課題の一つとして位置付けること ②　役員の中から、マネロン・テロ資金供与対策に係る責任を担う者を任命し、職務を全うするに足る必要な権限等を付与すること ③　当該役員に対し、必要な情報が適時・適切に提供され、当該役員が金融機関等におけるマネロン・テロ資金供与対策について内外に説明できる態勢を構築すること ④　マネロン・テロ資金供与対策の重要性を踏まえた上で、所管部門への専門性を有する人材の配置及び必要な予算の配分等、適切な資源配分を行うこと ⑤　マネロン・テロ資金供与対策に関わる役員・部門間での連携の枠組みを構築すること ⑥　マネロン・テロ資金供与対策の方針・手続・計画等の策定及び見直しについて、経営陣が承認するとともに、その実施状況についても、経営陣が、定期的及び随時に報告を受け、必要に応じて議論を行うなど、経営陣の主導的な関与があること ⑦　経営陣が、職員へのマネロン・テロ資金供与対策に関する研修等につき、自ら参加するなど、積極的に関与すること 【対応が期待される事項】 ①　役職員の人事・報酬制度等において、マネロン・テロ資金供与対策の遵守・取組み状況等を適切に勘案すること
Ⅲ－3　経営管理（三つの防衛線等）	
(1)　第1の防衛線	【対応が求められる事項】 ①　第1線に属する全ての職員が、自らの部門・職務において必要なマネロン・テロ資金供与対策に係る方針・手続・計画等を十分理解し、リスクに見合った低減措置を的確に実施すること

	② マネロン・テロ資金供与対策に係る方針・手続・計画等における各職員の責務等を分かりやすく明確に説明し、第1線に属する全ての職員に対し共有すること
(2) 第2の防衛線	**【対応が求められる事項】** ① 第1線におけるマネロン・テロ資金供与対策に係る方針・手続・計画等の遵守状況の確認や、低減措置の有効性の検証等により、マネロン・テロ資金供与リスク管理態勢が有効に機能しているか、独立した立場から監視を行うこと ② 第1線に対し、マネロン・テロ資金供与に係る情報の提供や質疑への応答を行うほか、具体的な対応方針等について協議をするなど、十分な支援を行うこと ③ マネロン・テロ資金供与対策の主管部門にとどまらず、マネロン・テロ資金供与対策に関係する全ての管理部門とその責務を明らかにし、それぞれの部門の責務について認識を共有するとともに、主管部門と他の関係部門が協働する態勢を整備し、密接な情報共有・連携を図ること ④ 管理部門にマネロン・テロ資金供与対策に係る適切な知識及び専門性等を有する職員を配置すること
(3) 第3の防衛線	**【対応が求められる事項】** ① 以下の事項を含む監査計画を策定し、適切に実施すること 　イ　マネロン・テロ資金供与対策に係る方針・手続・計画等の適切性 　ロ　当該方針・手続・計画等を遂行する職員の専門性・適合性等 　ハ　職員に対する研修等の実効性 　ニ　営業部門における異常取引の検知状況 　ホ　検知基準の有効性等を含むITシステムの運用状況 　ヘ　検知した取引についてのリスク低減措置の実施、疑わしい取引の届出状況 ② 自らの直面するマネロン・テロ資金供与リスクに照らして、監査の対象・頻度・手法等を適切なものとすること

③　リスクが高いと判断した業務等以外についても、一律に監査対象から除外せず、頻度や深度を適切に調整して監査を行うなどの必要な対応を行うこと
④　内部監査部門が実施した内部監査の結果を監査役及び経営陣に報告するとともに、監査結果のフォローアップや改善に向けた助言を行うこと
⑤　内部監査部門にマネロン・テロ資金供与対策に係る適切な知識及び専門性等を有する職員を配置すること

Ⅲ－4　グループベースの管理態勢

【対応が求められる事項】

①　グループとして一貫したマネロン・テロ資金供与対策に係る方針・手続・計画等を策定し、業務分野や営業地域等を踏まえながら、顧客の受入れに関する方針、顧客管理、記録保存等の具体的な手法等について、グループ全体で整合的な形で、これを実施すること
②　グループ全体としてのリスク評価や、マネロン・テロ資金供与対策の実効性確保等のために必要なグループ内での情報共有態勢を整備すること
③　海外拠点等を有する金融機関等グループにおいては、各海外拠点等に適用されるマネロン・テロ資金供与対策に係る法規制等を遵守するほか、各海外拠点等に内在するリスクの特定・評価を行い、可視化した上で、リスクに見合う人員配置を行うなどの方法により適切なグループ全体での低減措置を講ずること
④　海外拠点等を有する金融機関等グループにおいては、各海外拠点等に適用される情報保護法制や外国当局のスタンス等を理解した上で、グループ全体として整合的な形でマネロン・テロ資金供与対策を適時・適切に実施するため、異常取引に係る顧客情報・取引情報及びその分析結果や疑わしい取引の届出状況等を含む、必要な情報の共有や統合的な管理等を円滑に行うことができる態勢（必要なITシステムの構築・更新を含む）を構築すること（海外業務展開の戦略策定に際しては、こうした態勢整備の必要性を踏まえたものとすること）

⑤　海外拠点等を有する金融機関等グループにおいて、各海外拠点等の属する国・地域の法規制等が、我が国よりも厳格でない場合には、当該海外拠点等も含め、我が国金融機関等グループ全体の方針・手続・計画等を整合的な形で適用・実施し、これが当該国・地域の法令等により許容されない場合には、我が国の当局に情報提供を行うこと（注）

（注）　当該国・地域の法規制等が我が国よりも厳格である場合に、当該海外拠点等が当該国・地域の法規制等を遵守することは、もとより当然である。

⑥　外国金融グループの在日拠点においては、グループ全体としてのマネロン・テロ資金供与リスク管理態勢及びコルレス先を含む我が国金融機関等との取引状況について、当局等を含むステークホルダーに説明責任を果たすこと

【先進的な取組み事例】

　以下のように、本部がグループ共通の視点で海外拠点等も含む全社的なリスクの特定・評価を行いつつ、実地調査等を踏まえて各拠点に残存するリスクを実質的に判断し、グループベースの管理態勢の実効性強化に役立てている事例。

　具体的には、海外拠点等を含む全社的なマネロン・テロ資金供与対策プログラムを策定し、これに基づき、本部のマネロン・テロ資金供与対策主管部門において、拠点別の口座数、高リスク顧客数等の情報を一括管理し、海外拠点等も含む各部門・拠点のリスクを共通の目線で特定・評価している。

　その上で、部門・拠点ごとの低減措置につき、職員の人数、研修等の実施状況、IT等のインフラの特異性等も踏まえながら、各拠点と議論した上で低減措置の有効性を評価している。

　さらに、低減措置を踏まえてもなお残存するリスクについては、必要に応じて本部のマネロン・テロ資金供与対策主管部門が実地調査等を行い、残存するリスクが高い拠点については監視・監査の頻度を上げるなど、追加の対策を講じ、全社的な対策の実効性を高めている。

	【先進的な取組み事例】 　グループベースの情報共有について、グループ全体で一元化したシステムを採用し、海外拠点等が日々の業務で知り得た顧客情報や取引情報を日次で更新するほか、当該更新情報を本部と各拠点で同時に共有・利用することにより、本部による海外拠点等への監視の適時性を高めている事例。
Ⅲ－5　職員の確保、育成等	
	【対応が求められる事項】 ① 　マネロン・テロ資金供与対策に関わる職員について、その役割に応じて、必要とされる知識、専門性のほか、研修等を経た上で取引時確認等の措置を的確に行うことができる適合性等について、継続的に確認すること ② 　取引時確認等を含む顧客管理の具体的方法について、職員が、その役割に応じて的確に理解することができるよう、分かりやすい資料等を用いて周知徹底を図るほか、適切かつ継続的な研修等を行うこと ③ 　当該研修等の内容が、自らの直面するリスクに適合し、必要に応じ最新の法規制、内外の当局等の情報を踏まえたものであり、また、職員等への徹底の観点から改善の余地がないか分析・検討すること ④ 　研修等の効果について、研修等内容の遵守状況の検証や職員等に対するフォローアップ等の方法により確認し、新たに生じるリスク等も加味しながら、必要に応じて研修等の受講者・回数・受講状況・内容等を見直すこと ⑤ 　全社的な疑わしい取引の届出状況や、管理部門に寄せられる質問内容・気づき等を営業部門に還元するほか、営業部門内においてもこうした情報を各職員に的確に周知するなど、営業部門におけるリスク認識を深めること 【対応が期待される事項】 a 　海外拠点等を有する金融機関等グループにおいて、各海外拠点等のリスク評価の担当者に対して、単にリスク評価の手法についての資料等を作成・配布するの

みならず、リスク評価の重要性や正確な実施方法に係る研修等を当該拠点等の特殊性等を踏まえて実施し、その研修等の内容についても定期的に見直すこと

b　海外拠点等を有し、海外業務が重要な地位を占める金融機関等グループにおいて、マネロン・テロ資金供与対策に関わる職員が、マネロン・テロ資金供与に係る国際的な動向について、有効な研修等や関係する資格取得に努めるよう態勢整備を行うこと

■ 事項索引 ■

マネロン・テロ資金供与対策キーワード100【第3版】

2021年6月30日　第1刷発行
2024年2月6日　第5刷発行
（2018年5月22日　初版発行）
（2019年6月27日　第2版発行）

編著者　EYストラテジー・アンド・コンサルティング
発行者　加　藤　一　浩

〒160-8520　東京都新宿区南元町19
発　行　所　一般社団法人 金融財政事情研究会
企画・制作・販売　株式会社きんざい
　　出 版 部　TEL 03(3355)2251　FAX 03(3357)7416
　　販売受付　TEL 03(3358)2891　FAX 03(3358)0037
　　URL https://www.kinzai.jp/

※2023年4月1日より企画・制作・販売は株式会社きんざいから一般社団法人
金融財政事情研究会に移管されました。なお連絡先は上記と変わりません。

校正：株式会社友人社／印刷：三松堂株式会社

ISBN978-4-322-13965-5